国家自然科学基金重大项目子课题"共享经济平台服务运作模式与风险管理"（项目号71991461）

国家自然科学基金青年科学基金项目"双层平台视角下智能硬件系统性能升级和定价策略研究"（项目号71701135）

数字平台增值服务运作管理决策研究

豆国威　林旭东　郭海男　范　璧　尹　鹏◎著

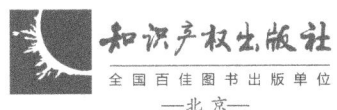

全国百佳图书出版单位

—北京—

图书在版编目（CIP）数据

数字平台增值服务运作管理决策研究/豆国威等著. —北京：知识产权出版社，2022.6

ISBN 978－7－5130－7966－2

Ⅰ. ①数… Ⅱ. ①豆… Ⅲ. ①网络公司—商业服务—管理决策—研究 Ⅳ. ①F490.6

中国版本图书馆 CIP 数据核字（2021）第 258994 号

内容提要

数字平台在当今经济发展中扮演着至关重要的角色，如大型的电商平台和共享经济平台等。平台经济的发展为新型冠状病毒肺炎疫情期间的经济复苏贡献了重要的推动力量。本研究从数字平台运作管理的基本面出发，研究其通过增加投入，提升对用户的增值服务水平和对用户收费的联合决策，以提升用户规模，增加用户粘性。本研究主要从提升单边用户的增值服务水平、同时提升双边用户的增值服务水平、提升用户群体内部存在负向网络外部性时的增值服务水平，以及提升双边用户先后进入数字平台时的增值服务水平等几个方面展开，对提升数字平台运营效率具有重要的理论和实践指导意义。

责任编辑：王海霞　韩　冰　　　　　　责任校对：谷　洋
封面设计：回归线（北京）文化传媒有限公司　责任印制：孙婷婷

数字平台增值服务运作管理决策研究

豆国威　林旭东　郭海男　范　璧　尹　鹏　著

出版发行：知识产权出版社有限责任公司	网　址：http://www.ipph.cn
社　址：北京市海淀区气象路 50 号院	邮　编：100081
责编电话：010－82000860 转 8126	责编邮箱：hanbing@cnipr.com
发行电话：010－82000860 转 8101/8102	发行传真：010－82000893/82005070/82000270
印　刷：北京虎彩文化传播有限公司	经　销：新华书店、各大网上书店及相关专业书店
开　本：720mm×1000mm 1/16	印　张：10.5
版　次：2022 年 6 月第 1 版	印　次：2022 年 6 月第 1 次印刷
字　数：140 千字	定　价：69.00 元

ISBN 978－7－5130－7966－2

出版权专有　侵权必究

如有印装质量问题，本社负责调换。

目 录

第1章 绪 论 ·· 1
  1.1 研究背景 ·· 1
  1.2 研究意义 ·· 3
    1.2.1 理论意义 ···································· 4
    1.2.2 现实意义 ···································· 5
  1.3 研究综述 ·· 6
    1.3.1 数字平台定价策略相关研究 ···················· 7
    1.3.2 数字平台其他相关运作策略研究 ················ 9
    1.3.3 数字平台内部负向网络外部性相关研究 ·········· 12
  1.4 研究内容及方法 ·································· 13
    1.4.1 研究内容 ···································· 13
    1.4.2 研究方法和技术路线 ·························· 14
  1.5 研究创新 ·· 16
  1.6 小 结 ·· 17

第2章 单边用户增值服务投资和定价策略 ················ 18
  2.1 问题的引出 ······································ 18
  2.2 模型的建立 ······································ 21

2.2.1　数字平台对商户进行增值服务投资的情形 …………… 22
　　2.2.2　数字平台对顾客进行增值服务投资的情形 …………… 34
2.3　增值服务投资前后的比较分析 ……………………………… 38
2.4　现实意义讨论 ………………………………………………… 41
2.5　小　结 ………………………………………………………… 43

第3章　双边用户增值服务投资和定价策略 …………………………… 45
3.1　问题的引出 …………………………………………………… 45
3.2　模型的建立 …………………………………………………… 47
3.3　主要结论 ……………………………………………………… 49
　　3.3.1　数字平台对双边用户收费或补贴条件的讨论 ………… 50
　　3.3.2　数字平台对双边用户收费策略的灵敏度分析 ………… 54
　　3.3.3　增值服务投资前后比较分析 …………………………… 59
3.4　小　结 ………………………………………………………… 61

第4章　存在同边负向网络外部性时增值服务的投资和定价策略 …… 63
4.1　问题的引出 …………………………………………………… 63
4.2　问题描述 ……………………………………………………… 66
4.3　主要结果 ……………………………………………………… 68
　　4.3.1　最优增值服务投资策略 ………………………………… 68
　　4.3.2　增值服务投资前后比较分析 …………………………… 71
　　4.3.3　最优收费策略的灵敏度分析 …………………………… 73
4.4　小　结 ………………………………………………………… 78

第5章　用户先后进入数字平台时考虑负向网络外部性的
　　　　增值服务投资和定价策略 …………………………………… 80
5.1　问题的引出 …………………………………………………… 81
5.2　问题描述 ……………………………………………………… 82

5.3 主要结果 ·· 83
    5.3.1 数字平台最优投资策略分析 ······················ 85
    5.3.2 增值服务投资前后比较分析 ······················ 86
    5.3.3 最优收费策略的灵敏度分析 ······················ 88
  5.4 小 结 ·· 91

第6章 双边平台动态定价与投资策略 ···················· 93
  6.1 问题的引出 ·· 93
  6.2 模型的建立 ·· 97
    6.2.1 状态空间 ···································· 98
    6.2.2 双边需求 ···································· 99
    6.2.3 状态转移空间 ································ 100
    6.2.4 平台决策 ···································· 102
  6.3 结果分析 ·· 104
    6.3.1 平台质量的边际影响 ·························· 104
    6.3.2 间接网络外部性的作用 ························ 110
    6.3.3 网络效应和平台质量的相互影响 ················ 114
    6.3.4 平台质量优势和先发优势作用分析 ·············· 116
  6.4 案例讨论与管理启示 ································ 124
  6.5 小 结 ·· 127

第7章 总结与展望 ······································ 129
  7.1 总 结 ·· 129
  7.2 局限及未来研究展望 ································ 131

参考文献 ·· 132

附 录 ·· 141

第 1 章 绪 论

1.1 研究背景

平台经济是基于互联网、云计算等现代信息技术，以多元化需求为核心，全面整合产业链、融合价值链，以提高市场配置资源效率的一种新型经济形态。平台经济在现代社会经济的发展中扮演着非常重要的角色。在我国当前经济发展正面临转型升级的形势下，大力发展平台经济，是发展现代经济新兴服务业的重要战略方向，对于转变经济发展方式和推动产业转型升级具有重要意义。

我国服务业的发展速度越来越快，逐渐占据了经济发展的主导地位。2001—2013 年的十多年间，第三产业增加值占 GDP 的比重年均实际增长 10.6%；在 2013 年，第三产业产值在 GDP 中所占比重达到 46.1%，首次超过第二产业产值所占比重（43.9%）。到 2014 年，第三产业产值在 GDP 中所占比重达到 48.2%；2015 年上半年，第三产业产值在 GDP 中所占比重进一步提升到 49.5%。由此可见，在整个国民经济的发展中，服务经济逐渐占据经济发展主导地位的时代已然到来。

新一轮全球技术革命在移动互联网领域取得了巨大的进展，移动互联网技术给现代服务业的发展注入了源源不断的动力，推动着现代服务业的飞速变化和革新。我国移动数据服务商 QuestMobile 所发布的《2021 年中国移动互联网半年度大报告》的统计数据显示，截至 2021 年 6 月，中国移动互联网用户规模达到历史最高值 11.64 亿人，同比净增 962 万人，移动互联网对现代人类生活的渗透和改变可见一斑。移动互联网几乎对所有行业，尤其是服务业带来了颠覆性的改变和革新。例如，互联网思维对现代商业模式的改变、传媒和即时通信技术的不断进步、出租车行业因为打车软件的诞生而发生的服务方式的改变等，无不体现着移动互联网的发展对现代服务业发展的推动。

在现代服务业飞速发展的过程中，数字平台的运营模式正不断成为越来越重要的经济发展模式，给众多企业带来了广阔的发展空间和更多的发展机遇。例如，基于移动互联网的发展，出现了许多由电商平台演化而成的团购网站，如美团、百度糯米和大众点评等。这些平台融合了众多中小商家和顾客，将商家的商铺信息通过平台传递给顾客，使顾客能够方便快捷地进行消费，给顾客的日常生活带来了极大的便利。近些年来，这些以数字平台模式运营的电子商务，极大地改变了人们的购物方式和习惯。相关统计数据显示，2015 年中国电子商务市场交易规模达 16.4 万亿元，增长 22.7%。然而，在这些发展机遇面前，每个数字平台企业在得到良好发展的同时，又会面临来自同行业发展所带来的竞争压力。如何在面对激烈竞争的时候保持自身优势，或者进一步增强自己的实力，是每一个数字平台企业必须面对的问题。如果不能使自己在激烈的竞争中保持优势，那么数字平台企业将不可避免地被市场淘汰。

在数字平台企业的发展中，占据更大的市场份额，能够使其保持并不断扩大自身的竞争优势。因此，除了降低对用户的收费或者对用户免费及进行补贴，众多数字平台企业还会选择通过投资为用户开发增值服务，以提高用户粘性或者吸引新的用户，从而保持或者不断扩大自己的市场规模，增强自己的竞争优势。例如，微软向用户提供云存储服务；天猫等电子商务平台向用户提供店面装修服务，或者根据用户的浏览记录向用户推送特定的产品；微信向用户提供滴滴出行或者订阅号服务等。然而，与传统的单边市场相比，双边市场具有新的市场特性：双边用户之间存在交叉网络外部性，一边用户市场规模的扩大会增加另一边用户的效用，从而扩大另一边用户的市场规模，用户群体间互相联系、互相影响。数字平台企业在为用户开发增值服务时，必须考虑到数字平台的特性，统筹利用有限的资源对用户进行增值服务投资。数字平台企业不仅要使得增值服务投资能够给用户带来足够程度的效用提升，又要避免付出较大的投资成本，以避免降低平台的利润。与此同时，还要在做出投资决策的同时，对双边用户制定合理的收费策略，以便更有效地吸引更多的用户进入平台，扩大自身的市场规模，从而增强自身的竞争力。

1.2　研究意义

本书从数字平台对其单边用户进行增值服务投资、对其双边用户进行增值服务投资、对群体内部存在负向网络外部性时的用户进行增值服务投资，以及双边用户按先后顺序进入数字平台时对单边用户进行增值服务投资等几个方面，对数字平台增值服务的投资策略和相应的定价策略进行研究，具有重要的理论和现实意义。

1.2.1 理论意义

在现有文献中，绝大多数的研究在考虑数字平台交叉网络外部性的基础上探讨了数字平台的定价策略。研究结果表明，对于具有交叉网络外部性的数字平台来说，可以通过降低对一边用户的收费或者对其进行补贴来扩大进入数字平台的用户数量，从而获取更多的利润。现有文献大多是从数字平台定价策略这一角度展开研究，探讨数字平台不同收费结构（一次性收取固定费用和按比例收取一定交易费用）下的最优收费策略。仅有少数研究从定价之外的运作决策入手，且以数字平台的基本服务水平不变为前提，探讨数字平台可以采用的其他措施来提升用户参与度并且获取更多的利润。在现有研究中，只有少量的研究涉及数字平台服务质量的提升，数字平台的网络外部性对于服务质量提升影响方面的研究较为匮乏，数字平台的网络外部性和服务质量的提升还未被纳入统一的体系中。本书利用双边市场理论模型化方法来研究数字平台的服务质量提升策略和定价策略等问题，进一步深化研究数字平台的交叉网络外部性、投资资源分配以及定价等问题，将研究的内容延伸到理论应用层面，丰富双边市场研究的理论基础和方法。具体理论意义表现如下：

（1）在区分不同增值服务类型的情况下，深入分析数字平台给不同用户群体提供增值服务的投资决策，并比较每种情形下增值服务投资给数字平台对用户的收费策略所带来的影响。研究表明，投资成本的升高可能导致数字平台降低对用户的收费；增值服务的开发也可能导致数字平台降低对用户的收费，而且在增值服务投资的情形中，数字平台仍可采用对用户补贴的策略，进一步拓展了双边市场中的定价理论。

（2）在数字平台增值服务投资的策略分析中，通过将单边用户群体内部存在的负向网络外部性融入增值服务投资决策模型，考虑了单边用户群体内部的竞争因素。研究发现，负向网络外部性强度的增加会促使数字平台降低增值服务的投资水平。由此，本书将数字平台服务质量提升方面的研究和探讨数字平台负向网络外部性的研究加以结合，进一步深化了现有理论中关于这两方面的研究。

（3）在考虑单边用户群体内部存在的负向网络外部性的基础上，同时考虑双边用户先后进入数字平台时，数字平台增值服务的投资和收费策略。与用户同时进入数字平台的情形相比，数字平台在增值服务投资之后一定会增加对后进入数字平台的用户的收费，而可能增加也可能降低对先进入数字平台的用户的收费。这进一步深化了双边市场中关于用户先后进入数字平台的定价理论。

1.2.2　现实意义

商业全球化以及互联网信息的发展使数字平台企业间的竞争变得越来越激烈，如何在激烈的竞争中扩大用户规模、保持竞争优势是每个数字平台企业所面临的重要问题。而对增值服务的投资正是可以增加用户粘性、扩大市场规模、提高数字平台企业竞争力的有效措施。但是，在投资资源的分配以及最优增值服务投资水平的确定上仍存在许多有待优化的问题。

本书紧扣数字平台增值服务投资决策这一核心问题，并结合具体增值服务投资实例，研究不同情形下数字平台的最优投资决策和对双边用户的最优收费决策，对于制定数字平台的增值服务投资策略具有重要的现实意义。

本书以数字平台利润最大化为目标,给出数字平台增值服务的最优投资水平以及对双边用户最优的收费决策。通过对最优策略性质的探讨,得出最优策略关于投资成本、交叉网络外部性强度,以及投资效应的变化关系。首先,为数字平台投资不同类型的增值服务时,如何决定投资水平以及在相应投资水平下如何向双边用户收取费用提供一定的决策参考。其次,通过考虑用户内部负向的网络外部性,为用户内部容易形成竞争的数字平台(如视频网站或者商户数量及规模较大的电商平台)提供增值服务投资的战略性建议。再次,通过分析用户先后进入数字平台的情形,探讨双边用户之间的交叉网络外部性对数字平台增值服务投资决策影响的变化,以及投资效应对于最优投资水平和对双边用户的最优收费决策的影响,以帮助数字平台在进行增值服务投资时更好地衡量用户特性,对投资资源进行更好的分配。

1.3 研究综述

本研究以数字平台增值服务投资为立足点,探讨数字平台通过投资为用户提供增值服务的投资决策和对双边用户的收费决策。在具体的研究过程中,以现实背景为依托,针对现实中数字平台企业为用户提供的增值服务种类的不同,以及进入数字平台的双边用户所具有的特点,分别探讨了只增加单边用户效用的增值服务投资决策和相应的定价策略,同时增加双边用户效用的增值服务投资决策和定价策略,用户群体内部存在负向网络外部性时的增值服务投资和定价策略,以及双边用户按先后顺序进入数字平台时的增值服务投资和定价策略。

因此，本研究主要与现有文献中探讨数字平台定价策略的研究、探讨数字平台其他相关运作策略的研究，以及考虑数字平台内部负向网络外部性方面的研究相关。

1.3.1 数字平台定价策略相关研究

在现有经济学文献中，关于数字平台的研究主要集中在定价策略方面，现有研究主要揭示了数字平台有别于传统意义上单边平台的特征——交叉网络外部性（Anderson and Parker，2013），正是这种特征导致了数字平台在运作管理上需要制定不同于传统单边市场的运作决策。

在现有文献中，绝大多数的研究在考虑数字平台交叉网络外部性的基础上探讨了数字平台的定价策略。例如，Rochet 和 Tirole（2003）建立了面临市场竞争的数字平台模型，通过模型揭示了在不同的竞争性市场结构中，影响用户效用和平台定价的决定因素。Armstrong（2006）分别讨论了垄断性平台和竞争性平台的情形中，数字平台的价格策略决定因素。研究表明，数字平台的交叉网络外部性、数字平台对用户收费的模式以及双边用户是单归属还是多归属，是影响数字平台定价决策的主要因素。Economides 和 Katsamakas（2006）分别分析了开源平台和专有平台的最优定价策略。在 Rochet 和 Tirole（2006）、Armstrong（2006）研究模型的基础上，Schiff（2003）通过建立简单的线性模型，探讨了双边市场的基本定价问题，揭示了影响双边市场定价的主要驱动因素。Chandra 和 Collard-Wexler（2009）以报业市场为背景，分析了报业市场的定价策略。研究表明，垄断性的数字平台可能会对一方用户提升收费而对另一方用户降低收费。Hagiu（2004）通过建立模型，探讨了数字平台的定价策略和社会福利问题，研究表明，用户对产品多样性的偏好是制定数字平台对用户收费策略的决定性因素。Hagiu（2006）探讨了数字平台承诺对最优定价策略的影响，研究发现，垄断性平台更倾向于在宣布对商户的收费策略时，不承诺对顾客的收费；而对于竞争性平台，是否承诺收费策略并不会对平台收费策略的制定产生影响。Kaiser 和 Wright（2006）以杂志行业为背景探讨数字平台的最优定价策略，研究结果表明，数字平台更可能采取补贴读者的策略，而通过对广告商收取费用来获得利润。Wright（2003）对信用卡和借记卡系统进行了研究，探讨了使得社会效率最优的定价策略，在这种最优定价结构中，数字平台倾向于为持卡人创造更多益处。类似这些研究数字平台最优定价策略的文献还有很多，如 Parker 和 Van Alstyne（2005）、Bolt 和 Tieman（2008）等。

我国学者也主要集中于研究不同环境下双边市场的定价策略（如胥莉、陈宏民、潘小军，2009；程贵孙，2010；纪汉霖，2011；段文奇、柯玲芬，2016；张凯、李华琛、刘维奇，2017）。他们得出的共同结论是，数字平台的均衡价格不同于没有网络外部性的市场均衡价格。对一边用户收费而对另一边用户补贴的定价模式在现实中普遍存在，如信用卡市场、免费报纸和电商平台等，常见的数字平台收费模式见表1.1。

表1.1 常见的数字平台收费模式

数字平台	补贴方	收费方
广告型平台（搜索引擎、视频网站等）	用户	广告商
电商平台（淘宝、京东）	消费者	商户
游戏主机（微软 Xbox、索尼 PS）	用户	游戏开发商
操作系统（Windows、macOS）	应用开发商	用户
支付平台（银联、VISA）	用户	商户

另外，有一些研究是在数字平台定价决策基础上的进一步延伸。Parker 和 Van Alstyne（2005）通过对垄断性数字平台的研究，发现针对不同相对强度的交叉网络外部性，数字平台对双边用户都可能采取补贴的策略。Hagiu（2009）探讨了数字平台的最优定价决策和社会效率问题，研究结果表明，在最优定价决策中，数字平台倾向于通过卖方用户获取更多的利润。Chao 和 Derdenger（2013）以具有初始用户基础的双边市场为背景，研究了双边市场的混合捆绑销售策略，研究结果显示，在双边市场的混合捆绑策略下，数字平台对双边用户的收费都是降低的，混合捆绑策略可以成为一种价格歧视工具，而且在这种策略下，用户的参与度更高。本研究得到了相似的数字平台定价策略，即通过降低对用户的收费来提升其参与度，但本研究的问题有所不同，即将数字平台增值服务投资视为除价格之外的运作决策。在本书所研究的问题中，当投资成本增加时，降低对用户的收费依然适用。Lin 和 Pan（2013）在考虑网络外部性的基础上，研究了生产成本的降低对垄断性数字平台定价策略的影响，研究结果表明，网络外部性加剧了成本的降低对产品价格的影响。相比较而言，本研究不仅揭示了投资成本的升高对数字平台价格策略的影响，还探讨了双边用户边际投资效用对数字平台定价策略的影响。

1.3.2 数字平台其他相关运作策略研究

从以上的研究可以看出，对于具有交叉网络外部性的数字平台来说，可以通过降低对一边用户的收费或者对其进行补贴来扩大进入数字平台的用户数量，从而获取更多的利润。现有文献大多是从数字平台定价策略这一角度展开研究，仅有少数研究是从定价之外的运作决策入手，探讨数字平台可以采取的其他措施来提升用户参与度并获取更多的利润。例如，Gawer 和 Cusumano（2002）列举了成为行业内领导者的 Intel、Microsoft、Cisco、Palm 及 NTT DoCoMo 所采用的运作策略，文章详细阐述了这些平台企业通过将创新融入产品的开发和发展来树立自己的行业领先地位。Boudreau 和 Hagiu（2009）揭示了一系列除价格策略之外的数字平台管理机制，通过这些策略或者管理机制的使用，数字平台可以吸引更多的用户加入。Parker 和 Van Alstyne（2010）探讨了创新、开放和知识产权的保护期限在双边市场中的应用，以及一系列可与这些策略构成生态互补的应用策略。研究发现，平台内部应用开发商之间的竞争会降低平台的创新性，而平台之间的竞争对创新则有促进作用。Rasch 和 Wenzel（2013）以双边市场为背景，研究了盗版软件的影响，揭示了软件保护对平台利润的影响及其对平台双边用户收费策略的影响。Hagiu 和 Hałaburda（2014）通过将市场信息水平作为一种运作策略，研究不同的信息透明度对垄断性平台和竞争性平台最优定价及最优利润的影响。研究发现，在垄断性平台中，当用户知晓平台对商户的定价策略时，平台能够获取更多的利润；而在竞争性平台中，当用户不了解平台对商户的定价策略时，平台能够获取更多的利润。这表明除了平台定价策略，不同的市场信息水平也能够影响平台的最优利润。

然而，在类似这些研究除定价之外的数字平台运作策略的文献中，通常假定数字平台所提供的基础服务水平是一定的，鲜有研究立足于数字平台服务水平提升之后的数字平台最优运作策略。从这一角度出发，本书在第 2 章探讨了数字平台为单边用户提供增值服务时，在数字平台交叉网络外部性的影响下，数字平台的最优定价策略。在这种背景下，数字平台需要同时决定最优的服务投资水平和相应的最优定价策略，需要在降低投资成本的同时，发挥增值服务投资吸引更多用

第1章 绪 论

户进入数字平台的作用。

在现有研究中，与本研究联系较为密切的是 Hagiu 和 Spulber（2013）的研究，他们分析了第一方内容使用策略，假设数字平台将第一方内容提供给买家，且第一方内容与卖方用户的参与可以构成替代或者互补的关系。类似地，本书研究了数字平台的服务投资问题，但区别在于，本研究将卖方用户视作异质性的群体，而 Hagiu 和 Spulber（2013）将卖方用户视作同质性的群体。将卖方用户视作同质性群体，当卖方用户进入平台的利润大于或者等于零时，所有卖方用户同时进入平台；相反，当卖方用户进入平台获得的利润小于零时，所有卖方用户将不进入平台。不同于此，当把卖方用户视作异质性群体时，将会有部分用户进入平台，另一部分用户不进入平台。除此之外，本研究还考虑了平台对卖方用户提供增值服务的情形。在两种不同的情形中，本研究将平台对双边用户的定价和最优投资水平都视为决策变量。除了 Hagiu 和 Spulber（2013），Anderson 等（2013）也与本书的研究具有较为紧密的联系。Anderson 等（2013）研究了高平台性能投资和降低平台性能之间的权衡问题。高平台性能需要卖方用户付出更高的进入平台的成本，降低平台性能则能够促使更多的卖方用户进入平台。但是，在这一问题的分析中，Anderson 等的文章假定对用户进入平台所收取的费用和卖方用户从每笔交易中所获得的利润都是确定的；而在本研究的分析中，假设对进入平台的双边用户都收取一定的费用，且将这两种费用都视为平台企业的决策变量。

通过探讨数字平台对单边用户提供增值服务的投资策略，本研究将平台定价之外的运作决策和平台提供更高水平的服务联系起来。从买方用户进入平台能够获得初始效用的角度出发，将进入平台的双边用户视作不同类型的用户群体，并且将单边用户群体内部的用户从特定的角度区分成具有异质性的个体。与此同时，本研究将平台对双边用户的收费都作为决策变量，探讨平台的最优投资策略和最优定价策略。

1.3.3 数字平台内部负向网络外部性相关研究

在以上研究中，对于数字平台最优定价策略的讨论仅仅考虑了双边用户之间的交叉网络外部性，而没有考虑数字平台内单边用户群体内部可能存在负向网络外部性的情形。在现有文献中，也有一些研究考虑了用户组内负向网络外部性。例如，Li 等（2011）以电子工业市场为背景，利用用户行为理论建立了新的模型，并在同时考虑用户之间的交叉网络外部性和用户群体内部负向网络外部性的情况下，探讨了数字平台的最优定价策略。Belleflamme 和 Toulemonde（2009）以双边市场为依托，建立了考虑用户群体内部负向网络外部性的模型，研究发现，如果用户群体内部负向网络外部性强度与正向的交叉网络外部性强度相比足够大，那么对于一个新的平台企业来说，可以通过适当的定价或者补贴策略来使市场上的用户从现有平台转移过来并获取利润。Ellison 和 Fudenberg（2003）通过同时考虑双边用户之间的交叉网络外部性和用户组内的网络外部性发现，虽然更大的数字平台市场可以具有更高的效率，但对于两个活跃的平台来说，其博弈均衡的结果仍趋于稳定。Yoo 等（2002）在同时考虑双边用户之间的交叉网络外部性和用户组内的网络外部性的基础上，分析了垄断性 B2B 双边市场的定价策略，研究发现，平台对顾客的收费策略以及电子商务市场中顾客的数量比例和转换价格与双边用户之间的交叉网络外部性以及用户组内的网络外部性都无关。以上研究在将用户组内的网络外部性融入数字平台决策模型的基础上，分析了平台的相关决策问题。然而，这些研究都是以平台基础服务水平和服务内容都不改变为前提的。

当考虑数字平台用户组内负向的网络外部性时，平台增值服务投资本身的作用将被削弱。这就导致了与一般情况下的增值服务投资相比，平台在考虑用户组内的网络外部性时，投资策略将有所不同。这将使得这种情形下平台的增值服务投资决策有别于现有研究。从这一角度出发，本书在第 4 章中将商户内部存在的负向的网络外部性融入平台的增值服务投资决策模型，探讨商户内部负向的网络外部性在平台投资增值服务时对其最优决策将产生何种影响。在对这一问题的分析中，本研究同时考虑了用户群体之间的交叉网络外部性和商户内部负向的网络外部性在平台最优决策中所起的作用，展示了商户内部负向的网络外部性对于平台最优投资决策和平台对双边用户的收费决策的影响。此外，本研究还探讨了增值服务边际投资成本与平台最优收费决策的关系。

1.4 研究内容及方法

1.4.1 研究内容

本研究以数字平台增值服务投资为立足点，探讨数字平台通过投资为用户提供增值服务的投资决策和对双边用户的收费决策。本研究针对现实中平台企业为用户提供的增值服务种类的不同，以及进入平台的双边用户所具有的特点，分别探讨了只增加单边用户效用的增值服务投资和定价策略，同时增加双边用户效用的增值服务投资和定价策略，用户群体内部存在负向网络外部性时的增值服务投资和定价策略，以及双边用户按先后顺序进入平台时的增值服务投资和定价策略。具体研究内容包含以下几个方面：

（1）研究当平台所提供的增值服务仅能够直接提升单边用户的效用，以及平台所提供的增值服务能够同时直接增加双边用户的效用时，平台的最优投资策略和对双边用户的最优收费策略。在此基础上，探讨平台对双边用户收费或者补贴的条件，对双边用户最优收费策略的影响因素，以及增值服务投资对平台收费策略的影响等问题。

（2）考虑当一些特殊数字平台的单边用户群体内部可能存在负向的网络外部性时，如果平台企业通过投资为该类用户提供增值服务，以削弱负向的网络外部性对用户效用造成的损失，那么平台应当如何利用资源进行增值服务的投资，并且如何对双边用户制定最优的收费策略。

（3）考虑现实当中，除了数字平台的单边用户群体内部存在负向的网络外部性，一些数字平台的用户可能会按照先后顺序进入平台。假设卖方用户先进入平台而买方用户后进入平台，研究平台企业应当如何通过投资为受负向网络外部性影响的用户提供增值服务，与此同时，应当如何制定最优的收费策略，以降低负向网络外部性所带来的影响。

1.4.2 研究方法和技术路线

本书的研究方法主要有以下几个方面。

第 1 章 绪 论

1. 文献研究

文献研究法是对研究所涉及的众多相关文献进行广泛和深入的阅读与理解，在此基础上，对相关理论研究领域的研究成果、主要的研究观点、研究中存在的问题等进行深入的整理和分析，进而确定所做研究的主题，并突出所做研究的意义。

本研究利用文献研究的方法，首先回顾双边市场理论及有关数字平台定价策略研究、服务质量提升方面的文献，在此基础上提炼并突出本研究的主要内容，从而对本研究的主要问题进行系统说明，并对研究内容进行结构化的分析和理论上的定位，明确本研究主题。

2. 数学建模

本研究主要通过建立不同的数学模型，分别探讨单边用户增值服务投资策略、双边用户增值服务投资策略、单边用户内部存在负向网络外部性时的增值服务投资策略，以及双边用户按先后顺序进入数字平台时的增值服务投资策略。通过对数学模型的推导，得到增值服务的投资策略、对双边用户的收费策略，以及相关性质的分析结果。

3. 定量分析与定性分析相结合

本研究主要以模型化数量分析为主，将数字平台以及双边用户视作博弈的三个主体，建立合适的博弈模型，分析数字平台的增值服务投资策略。并在分析过程中，通过对模型中所涉及的变量进行赋值，开展数值实验，进一步分析说明在增值服务投资决策下，数字平台对用户最优收费的特性。

本研究的技术路线如图 1.1 所示。

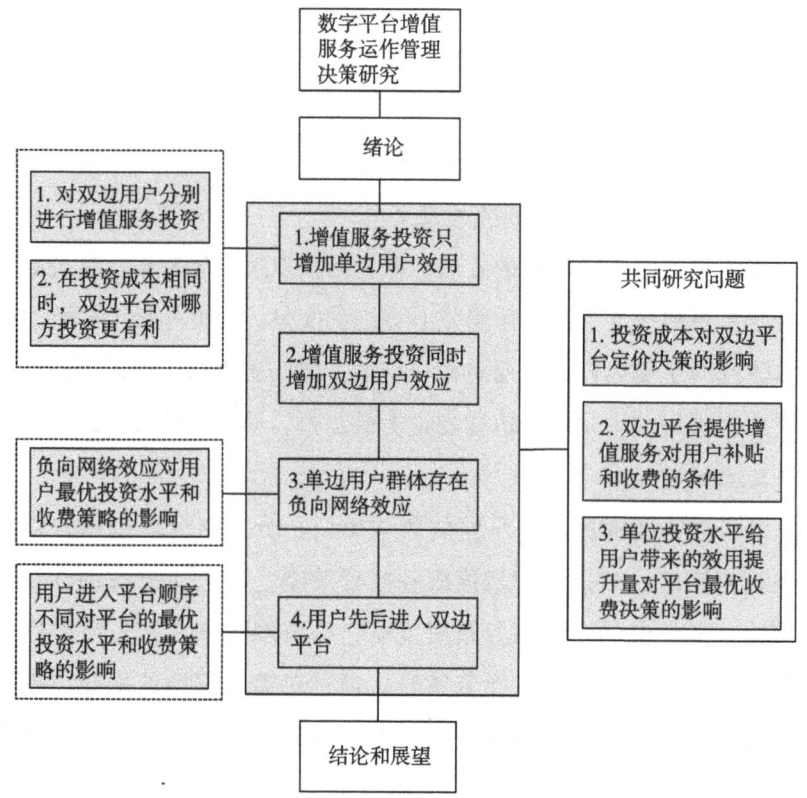

图 1.1 本研究的技术路线

1.5 研究创新

本研究的创新点如下：

（1）分析具有双边市场特性的数字平台企业如何通过价格策略之外的增值服务投资策略来提升自身竞争力；根据现实中增值服务类型

的不同，分别探讨数字平台的最优投资策略和定价策略。

（2）考虑单边用户群体内部的竞争因素。将数字平台单边用户群体内部负向的网络外部性融入决策模型，深入探讨用户群体内部负向的网络外部性如何通过用户群体之间的交叉网络外部性以及投资成本等因素影响平台增值服务投资决策。

（3）以现实背景为依托，在考虑用户群体内部负向网络外部性的基础上，分析双边用户按先后顺序进入数字平台时，数字平台的增值服务投资策略；并重点分析了用户先后进入数字平台对增值服务投资决策的影响。

1.6 小　结

本章主要阐述本研究的背景、内容、方法和意义等问题，以及本研究的出发点、整个研究工作的组织框架和所运用的研究方法。在此基础上，对现有经济学文献中有关数字平台价格策略研究的文献、价格策略之外的运作决策文献，以及有关数字平台内部负向网络外部性研究的文献进行了回顾，并指出现有研究与本研究的不同之处，突出本研究的创新之处和对现有研究中双边市场理论的补充。

第2章 单边用户增值服务投资和定价策略

为了提升用户的参与度并增加利润，数字平台会通过一定的投资为用户提供增值服务。由于数字平台交叉网络外部性的存在，数字平台对一边用户的增值服务投资会对双边用户进入数字平台的效用都产生影响，由此影响进入数字平台的用户规模和平台的利润。本章研究了数字平台对单边用户进行增值服务投资的最优策略和对双边用户的最优收费策略。在最优均衡解的基础上，探讨了边际投资成本系数对平台最优收费策略的影响；用户的边际投资效用对平台最优收费策略的影响；平台对一边用户进行增值服务投资如何影响对另一边用户的收费策略；以及在平台对双边用户分别投资增值服务的边际成本相同的前提下，对哪方用户提供增值服务将更为有利。

2.1 问题的引出

本研究将两个不同的用户群体视作平台的双边用户，将平台和两个不同的用户群体组成的系统视作双边市场,并将此平台称为数字平台。

数字平台通过连接两类不同的用户群体,并通过实现用户群体之间的交易或者互动为用户创造价值(Schiff,2003)。在现实生活中,存在多种多样的数字平台。从较为传统的角度而言,大型的购物商场和报纸可以看成是典型的传统数字平台。购物商场为商家和顾客提供了交易的平台与场所,报纸为广告商向读者展示广告提供了平台和基础。从现代的角度而言,个人计算机的 Windows 操作系统、苹果的 iOS 和谷歌的 Android 手机操作系统都可以视为典型的数字平台,终端用户可以通过操作系统来下载并使用第三方软件开发商所开发的软件或者应用。再如现代社会的电子商务网站,如 Amazon、eBay 和阿里巴巴,这些数字平台通过促成商家和顾客的在线交易,使得电子商务展现出蓬勃发展的态势。此外,现实生活中还有很多游戏平台,它们将游戏玩家和游戏开发商联系在一起,促进了游戏产业的不断进步。

为了给用户创造更多的价值,以此增加用户粘性并提高用户参与度,很多数字平台都会开发一些增值服务来提升用户进入数字平台所能获得的效用(Kuo,Wu,and Deng,2009;Zhang et al.,2015)。从总体上而言,这些增值服务可以分为三种不同的类型。第一类是可以为单边用户提供更高效用的增值服务,用户可以自由选择是否购买或者使用这种类型的服务。例如,微软为用户提供 OneDrive 云存储服务,选择使用 OneDrive 的用户能够在不同的设备上分享文件;银行为用户提供短信提醒业务,使用银行系统的短信提醒业务能够使用户在第一时间得到交易提醒。对于这种类型的增值服务,并不是所有的用户都会选择购买或使用,平台仅仅对使用这些服务的用户收取一定的服务费用,而对于没有使用这些服务的用户,平台依然保持原有的收费策略。第二类是可以同时提升双边用户效用的增值服务。例如,谷歌的应用市场所开发的电子支付系统大大提升了用户和应用开发商之间交易的便利性，从而为双边用户提供了更高的用户效用；电子商务平台（如天猫）所提供的在线商店装修服务不仅提升了商户店铺的吸引力，还为顾客提供了更好的购物体验。与以上两种类型的增值服务不同，第三种类型的增值服务仅仅为平台的单边用户提供更好的用户服务和用户体验。例如，电子商务平台为商户提供市场信息和数据分析服务，通过这些增值服务，商户能够进行更为精准、有效的营销，而这些服务并不能够为顾客带来直接的益处。再如，微软的 Xbox 360 或者任天堂等视频游戏平台所提供的"Halo"和"Wii Sports"直接提升了游戏玩家进入平台的效用，而并不能够直接提升游戏开发商的效用。在这两个不同的例子中，对于顾客和游戏开发商来说，当有更多的商家和游戏玩家进入平台时，他们便能够获得总体效用的提升。这种类型的增值服务与第一种类型的增值服务的不同之处在于，平台直接将这种服务提供给所有的用户，用户在使用这种服务时不需要再额外购买。除此之外，当没有游戏开发商进入游戏对战平台时，游戏玩家能够在游戏平台上看电影或者听音乐；而如果没有游戏玩家，游戏开发商进入平台便显得没有意义。也就是说，买方用户在没有卖方用户进入平台时依然能够获得一定的效用。

  本章立足于最后一种类型的增值服务，即仅为单边用户创造直接效用的增值服务。现实生活中，诸多增值服务都是直接为单边用户创造更高的用户效用，通过对该类增值服务进行研究，有利于探究数字平台对单边用户的服务投资能够分别为双边用户带来哪些影响。Katz 和 Shapiro（1986）、Liebowitz 和 Margolis（1994）提到，数字平台表现出交叉网络外部性，这种特性使平台的两个不同的用户群体相互联系、相互影响。因此，数字平台对单边用户策略的改变会对另一边用户产生重要的影响（Rochet，Tirole，2003；Evans，2003）。这种影响很难通过对上文所述的第一类增值服务进行讨论得出，因为第一类增值服务只被一部分用户所使用，对于没有使用这种增值服务的用户，平台依然保持原有的服务和收费策略。对于第二类增值服务，因其可同时提升双边用户的效用，将很难分析平台对一边用户策略的改变给平台整体运营策略所带来的影响。

单边用户的增值服务提升了用户进入平台的效用，因此能够扩大进入平台的用户数量，由于交叉网络外部性的存在，单边用户数量的增加又将提升另一边用户进入平台的效用，这样另一边进入平台的用户数量也将随之改变，进而导致数字平台策略的改变。对进入平台的用户所收取的费用是影响用户效用的另一个重要因素，当用户数量增加时，平台的定价策略必然发生改变。因此，当平台为单边用户提供增值服务时，应当如何做出投资决策，投资决策的制定会对平台的收费策略产生何种影响都是值得深入探讨的问题。通过对单边用户进行增值服务的投资，数字平台并不需要大量的投资成本便能够提升用户参与度并获取更多的利润。本章通过数字平台对商户进行增值服务投资和对用户进行增值服务两种不同的情形来讨论单边用户增值服务投资对平台整体运作决策的影响。研究中不仅通过用户进入平台是否能够获得初始效用把双边用户视为两类不同的用户群体，还从特定的角度把每个用户群体中的单个用户视为异质性的个体。

2.2 模型的建立

本节建立了垄断性数字平台（如 China UnionPay）的增值服务投资模型，垄断性平台的双边用户为买方（Buyers）和卖方（Sellers）。根据 Armstrong（2006）的研究，假设对用户进入平台所收取的固定费用

为 $p_i(i=b, s)$。在市场上，双边用户的规模为 M_i，假设用户市场规模的总量为 1，则 $M_i<1$。根据 Hagiu 和 Hałaburda（2014）的研究，假设通过交叉网络外部性，每个用户因每个另一边用户加入平台而获得的效用为 $\alpha_i[i=b, s; \alpha_i\in(0,1)]$。考虑到分析的便利性，类似于 Armstrong（2006）的研究，本章在问题的分析中不考虑单边用户内部的网络外部性。假设加入平台的双边用户的数量为 $n_j(j=b, s)$，可以得到每个进入平台的买方用户和卖方用户的总效用分别为

$$u_b = u_k + \alpha_b n_s - p_b \tag{2.1}$$

$$u_s = \alpha_s n_b - p_s - f_m \tag{2.2}$$

式中，$\alpha_i(i=b, s)$ 可以视作边际交叉网络外部性强度（Rasch and Wenzel, 2013），$\alpha_i n_j(i, j=b, s; i\neq j)$ 即为交叉网络效用。u_k 和 f_m 分别描述了用户的异质性，u_k 指的是买方用户在没有卖方用户进入平台时，使用平台的基本服务而获得的效用（Rochet and Tirole, 2006）；f_m 描述了每个商户通过平台向用户提供产品或者服务所需付出的成本。参照现有文献中众多研究（Anderson and Coate, 2005；Armstrong, 2006；Armstrong and Wright, 2007；Anderson, Parker, and Tan, 2013）的做法，假设 u_k 和 f_m 都服从 [0, 1] 上的均匀分布。

下面分别分析平台对商户（卖方用户）和顾客（买方用户）进行增值服务投资的情形。在每种情形中，分别分析了平台的最优投资策略和最优定价策略，并在最优均衡解的基础上进行了其他方面的分析和研究。

2.2.1 数字平台对商户进行增值服务投资的情形

当数字平台通过投资对商户提供增值服务时，商户进入平台能够

获得的效用为

$$u_s = \alpha_s n_b + \beta_s x - p_s - f_m \tag{2.3}$$

这里，x 表示数字平台的增值服务投资水平（Hagiu and Spulber，2013），在分析过程中，将增值服务的最高投资水平标准化为 1，即 $x \in [0, 1]$。本章将数字平台以其基本服务特点或者基本性能为基础所能开发的最高水平的增值服务视作其最高的投资水平。对于数字平台将其基础业务拓展到其他领域的情形，本研究不做考虑，因为使用数字平台新领域业务的用户将表现出与原有用户不同的特征。例如，在现实生活中，如果一个电子商务数字平台开发出所有可能的能够被商户所利用的市场营销增值服务，那么就将增值服务的水平视为 1。对于每个进入平台的商户来说，$\beta_s \in (0, 1)$ 表示单位增值服务能够为其带来的效用的增加量，$\beta_s x$ 即为平台的增值服务给商户带来的总效用。

当进入平台能够获得的总效用大于或者等于零时，用户才可能选择进入平台，即在式（2.1）和式（2.2）中，当 u_b、$u_s \geqslant 0$ 时，顾客和商户才会进入平台。用 $\tilde{u}_k$ 表示使得顾客进入平台获得总效用为零的初始效用，用 $\tilde{f}_m$ 表示使得商户进入平台所获得总效用为零的成本，即用户进入平台和不进入平台的无差异点。那么，当所获得的初始效用处于区间 $[\tilde{u}_k, 1]$ 内时，顾客将选择进入平台；当进入平台所需付出的成本处于区间 $[0, \tilde{f}_m]$ 内时，商户将选择进入平台。由此可以得到，进入平台的双边用户数量比例分别为 $1 - \tilde{u}_k$ 和 $\tilde{f}_m$。因此，进入平台的双边用户的数量可分别表示为

$$n_b = M_b(1 + \alpha_b n_s - p_b) \tag{2.4}$$

$$n_s = M_s(\alpha_s n_b + \beta_s x - p_s) \tag{2.5}$$

式中，$M_i (i = b, s)$ 为双边用户的市场规模。

假设当平台通过投资为商户提供的增值服务的水平为 x 时，所需

要消耗的成本为 ϕx^2 （Hagiu and Spulber，2013），通过确定对双边用户所收取的费用 $p_i(i=b,s)$ 和最优投资水平 x，平台按以下目标函数最大化自身的利润：

$$\max \Pi(p_s, p_b, x) = p_b n_b + p_s n_s - \phi x^2/2 \tag{2.6}$$

将式（2.4）和式（2.5）代入目标函数式（2.6），可以得到平台的最优增值服务投资水平和对双边用户的最优定价策略，将平台的最优策略概括如下。

定理 2.1 令 $I = 4 - (\alpha_b + \alpha_s)^2 M_b M_s$，$\overline{\phi} = [(\alpha_b + \alpha_s) M_b + 2\beta_s]\beta_s M_s/I$，$H = \phi I - 2\beta_s^2 M_s$，数字平台的最优投资策略和定价策略为：

（1）当 $\phi \leqslant \overline{\phi}$ 时，$x^* = 1$，$p_s^* = \{(\alpha_s - \alpha_b) M_b + \beta_s [2 - \alpha_b (\alpha_b + \alpha_s) \cdot M_b M_s]\}/I$，$p_b^* = [2 - \alpha_s (\alpha_b + \alpha_s) M_b M_s + (\alpha_b - \alpha_s) \beta_s M_s]/I$。①

（2）当 $\phi > \overline{\phi}$ 时，$x^* = (\alpha_b + \alpha_s) \beta_s M_s M_b/H$，$p_s^* = [\phi(\alpha_s - \alpha_b) + \alpha_b \beta_s^2 M_s] M_b/H$，$p_b^* = \{\phi[2 - \alpha_s (\alpha_b + \alpha_s) M_s M_b] - \beta_s^2 M_s\}/H$。

定理 2.1 说明，数字平台的最优增值服务投资策略遵循单边界规律。当对商户增值服务的边际投资成本系数小于某个特定值时，平台增值服务的投资水平达到最大值；当增值服务的边际投资成本系数大于此特定值时，平台增值服务的最优投资水平小于最大值，并且随着边际投资成本系数的增大而不断降低。此时，边际投资成本系数将成为最优投资水平的决定因素。

1. 数字平台对双边用户收费或补贴条件的讨论

在双边市场的研究中，数字平台的定价问题是其中重要的内容。平台可能会降低对一边用户的收费来促使整个用户规模的扩大。因此，在定理 2.1 的基础上，探讨平台最优定价，以及平台对用户收费或者补贴的不同情形，结果如下。

---

① 式中 * 表示最优值。

命题2.1 令 $E = 2 - \alpha_s(\alpha_b + \alpha_s)M_b M_s$，$F = 2 - \alpha_b(\alpha_b + \alpha_s)M_b M_s$，数字平台对用户补贴或者收费的不同条件见表2.1。

表2.1 数字平台对用户补贴或者收费的不同条件

边际投资成本系数	交叉网络外部性强度	边际投资效用（成本）	对商户的收费	对顾客的收费
$\phi \leq \bar{\phi}$	$\alpha_s > \alpha_b$	$\beta_s \leq E/(\alpha_s - \alpha_b)M_s$	$p_s^* > 0$	$p_b^* \geq 0$
		$\beta_s > E/(\alpha_s - \alpha_b)M_s$		$p_b^* < 0$
	$\alpha_s < \alpha_b$	$\beta_s < (\alpha_b - \alpha_s)M_b/F$	$p_s^* < 0$	$p_b^* > 0$
		$\beta_s \geq (\alpha_b - \alpha_s)M_b/F$	$p_s^* \geq 0$	
	$\alpha_s = \alpha_b$	—	$p_s^* > 0$	$p_b^* > 0$
$\phi > \bar{\phi}$	$\alpha_s \geq \alpha_b$	$\bar{\phi} < \phi < \beta_s^2 M_s/E$	$p_s^* > 0$	$p_b^* < 0$
		$\phi \geq \beta_s^2 M_s/E$		$p_b^* \geq 0$
	$\alpha_s < \alpha_b$	$\bar{\phi} < \phi < \beta_s^2 M_s/E$	$p_s^* > 0$	$p_b^* < 0$
		$\beta_s^2 M_s/E \leq \phi < \alpha_b \beta_s^2 M_s/(\alpha_b - \alpha_s)$	$p_s^* > 0$	$p_b^* \geq 0$
		$\phi \geq \alpha_b \beta_s^2 M_s/(\alpha_b - \alpha_s)$	$p_s^* \leq 0$	$p_b^* > 0$

由表2.1可知，在不同的条件下，数字平台对双边用户都有可能收费，也都有可能进行补贴。例如，在 $\phi \leq \bar{\phi}$ 的情况下，当 $\alpha_s > \alpha_b$ 时，$p_s^* > 0$；当 $\alpha_s < \alpha_b$ 时，$p_b^* > 0$。这一结果可解释如下：根据定理2.1，当增值服务的边际投资成本系数较小，即 $\phi \leq \bar{\phi}$ 时，平台对商户进行最大程度的服务投资。当 $\alpha_s > \alpha_b$ 时，通过交叉网络外部性，商户将能够获得较多的总效用，包括较大的交叉网络效用和平台对其服务投资所产生的效用；当 $\alpha_s < \alpha_b$ 时，通过交叉网络外部性，顾客因平台对商户的增值服务投资间接地获得了较多的总效用。从平台的角度来说，平台为用户创造了更多的剩余价值。当为用户带来更多的效用时，平台可对商户收取较高的费用，以提升平台的利润。

同时，在 $\phi \leq \bar{\phi}$ 的情况下，当 $\alpha_s > \alpha_b$ 时，如果 $\beta_s > E/(\alpha_s - \alpha_b)M_s$ 或 $\beta_s \leq E/(\alpha_s - \alpha_b)M_s$，那么 $p_b^* < 0$ 或 $p_b^* \geq 0$。当 $\beta_s > E/(\alpha_s - \alpha_b)M_s$

时，平台对商户的增值服务投资能够给商户带来较大的效用；而在 $\phi = \bar{\phi}$ 时，平台对商户的服务投资水平达到最大值，此时平台的投资给商户带来的效用非常大。因此，促使增值服务投资惠及更多的商户将会对平台更有利。为了吸引更多商户进入平台，可以采用降低对顾客收费的策略。对顾客收费降低能够提升顾客进入平台的效用，进而促进顾客数量的增加。反过来，顾客数量的增加又会因交叉网络外部性的存在而提升商户进入平台的效用，从而促进商户数量的增加。当 $\beta_s \leq E/(\alpha_s - \alpha_b)M_s$ 时，增值服务投资能够给商户带来的总效用增加量相对较小，对顾客进行补贴能够促进商户数量的增加量也将较小，此时补贴顾客给平台带来的利润相对于上一种情况将变得更少。在这种情形中，因为平台对商户的增值服务投资将间接地增加顾客进入平台的效用，因此对顾客收费将使平台获得更多的利润。

表2.1中，在 $\phi \leq \bar{\phi}$ 的情况下，当 $\alpha_s < \alpha_b$ 时，如果 $\beta_s \geq (\alpha_b - \alpha_s) \cdot M_b/F$ 或 $\beta_s < (\alpha_b - \alpha_s)M_b/F$，那么平台对商户的收费策略为 $p_s^* \geq 0$ 或 $p_s^* < 0$。当增值服务的边际投资效应较大，即 $\beta_s \geq (\alpha_b - \alpha_s)M_b/F$ 时，平台最高水平的增值服务投资能够给商户带来非常大的总效用，因此平台可以对商户收费，以提高其利润。相反，当增值服务的边际投资效用较小，即 $\beta_s < (\alpha_b - \alpha_s)M_b/F$ 时，增值服务投资给商户带来的总效用较小，此时对商户补贴能够进一步提升商户进入平台所获得的效用，从而使进入平台的商户数量有所增加。由于交叉网络外部性的存在，商户数量的增加将间接促进顾客效用的提升，从而促进顾客数量的增加。尽管对商户补贴降低了平台从商户所获得的利润，但由于顾客数量有了较大程度的增加，对顾客收费仍然能够从总体上提升平台的利润。

在 $\phi \leq \bar{\phi}$ 的情况下，当 $\alpha_s = \alpha_b$ 时，平台的策略是对双边用户同时收费。一方面，$\alpha_s = \alpha_b$ 表明双边用户的交叉网络外部性强度是相同的。

因此，与 $\alpha_s > \alpha_b$ 或者 $\alpha_s < \alpha_b$ 的情形不同，一边用户的数量将不能通过对另一边用户降低费用或者进行补贴而得到有效的提升。另一方面，商户的总效用因为平台的增值服务投资而得到增加，而商户数量的增加又将提升顾客进入平台的效用。因此，从总体上而言，平台对商户的增值服务投资同时提升了商户和顾客的总效用，故平台可以同时对双边用户收费来增加其利润。

在 $\phi > \overline{\phi}$ 的情况下，平台增值服务的边际投资成本较高，当 $\alpha_s \geq \alpha_b$ 时，平台对顾客仍然可能收费也可能对其补贴。当边际投资成本系数增加到 $\overline{\phi} < \phi < \beta_s^2 M_s / E$ 的范围时，由于此时成本系数仍然相对较小，平台的最优投资仍然保持在一个较高的水平上。也就是说，平台的增值服务投资给商户带来的效用仍然较大。因此，促使更多的商户进入平台，从而使增值服务能够惠及更多的商户，对平台更为有利。所以，平台可以通过补贴顾客来间接增加商户的数量。然而，当边际投资成本系数较大，即 $\phi \geq \beta_s^2 M_s / E$ 时，增值服务投资需要消耗较高的投资成本，平台可以通过对顾客收取一定的费用来减少较高的增值服务投资成本所带来的损失。

在 $\phi > \overline{\phi}$ 的情况下，如果 $\alpha_s < \alpha_b$，那么平台对双边用户都可能收费也可能补贴。当边际投资成本处于一个较低的范围，即 $\overline{\phi} < \phi < \beta_s^2 M_s / E$ 时，平台的最优投资仍可以保持在一个较高的水平上，正如前面讨论的那样，平台在这种情况下可以通过补贴顾客来增加进入平台的商户数量，从而使增值服务惠及更多的商户，并增加平台的利润。随着边际投资成本系数继续增加，当 $\beta_s^2 M_s / E \leq \phi < \alpha_b \beta_s^2 M_s / (\alpha_b - \alpha_s)$ 时，平台的最优投资水平进一步降低，此时对顾客收费能够减少投资成本的增加给平台带来的损失。当增值服务的边际投资成本增加到较高的范围，即 $\phi \geq \alpha_b \beta_s^2 M_s / (\alpha_b - \alpha_s)$ 时，平台的最优投资将会处于非常低的水平。在这种情形中，交叉网络外部性成为决定平台最优决策的关键因素。

此时补贴商户将增加商户的总效用,当 $\alpha_s < \alpha_b$ 时,商户数量的增加将吸引更多的顾客进入平台,平台能够通过更多的顾客获取更多的利润。

从表 2.1 可以看出,增值服务的边际投资效用和边际投资成本的边界与双边用户的总市场规模相关。为了探讨这些边界与双边用户市场规模之间的关系,在命题 2.1 的基础上做了一些灵敏度分析,结果如下。

推论 2.1 以下结论成立:

(1) 当 $\alpha_s > \alpha_b (\alpha_b > \alpha_s)$ 时,边际投资效用 β_s 的边界值 $E/(\alpha_s - \alpha_b)M_s$ 或 $(\alpha_b - \alpha_s)M_b/F$ 随用户市场规模 $M_i (i = b, s)$ 的扩大而增加或减少。

(2) 边际投资成本系数 ϕ 的边界值 $\beta_s^2 M_s/E$ 或 $\alpha_b \beta_s^2 M_s/(\alpha_b - \alpha_s)$ 随用户市场规模 $M_i (i = b, s)$ 的扩大而增加。

这一推论揭示了表 2.1 中出现的阈值随用户总体市场规模的变化而呈现出的变化关系。当双边用户的交叉网络外部性相对强度不同时,增值服务的边际投资效用和边际投资成本将随着用户市场规模的扩大而呈现出不同的变化规律。

根据表 2.1,以上结论表明,当用户市场规模扩大时,随着边际投资效用 β_s 的不断增加,平台将倾向于在一个更低的边际投资效用水平上对顾客由收费转为补贴,在一个更高的边际投资效用水平上对商户由补贴转为收费;或者随着边际投资成本系数的不断增加,平台倾向于在一个更高的边际投资成本水平上对顾客由补贴转为收费。也就是说,对于交叉网络外部性更强的用户,平台对其补贴的区域扩大了。这是因为当用户市场规模扩大时,进入平台的用户数量将会增加,在更广泛的用户基础上,平台可以通过补贴来进一步促进更多的用户进入平台,以此获取更多的利润。因此,对于能够为另一边用户带来更大交叉网络效用的用户,平台可以扩大对其的补贴力度,来促使整个用户数量的增加。

表 2.1 的最后一行显示，当面对一个较大的边际投资成本系数，平台需要对用户补贴以扩大用户进入平台的效用时，如果商户的市场规模 M_s 扩大，平台将在一个更高的边际投资成本水平上对商户由收费转为补贴。也就是说，平台对商户收费的区间将会变得更大。直观上，商户的市场规模扩大时，进入平台的商户数量将增加，由于对商户进行了增值服务上的投资，可以通过对商户收费来增加平台的利润。因此，平台可以在边际投资成本更高时对商户收费。

2. 数字平台最优定价策略的灵敏度分析

除了以上平台对双边用户收费或者补贴条件的分析，平台最优定价策略的性质还值得进一步探讨。从定理 2.1 可以看到，增值服务的边际投资成本 ϕ 和边际投资效用 β_s，以及双边用户的市场规模 $M_i(i=b,s)$ 是平台最优定价策略的决定性因素。因此，这些因素的变化对平台最优定价策略的影响具有重要的研究价值。通过灵敏度分析，下文探讨了最优定价策略随以上因素的变化关系。接下来用命题 2.2 和命题 2.3 来呈现这些结果。

命题 2.2 数字平台增值服务边际投资成本（效用）对定价策略的影响见表 2.2。

表 2.2 数字平台定价策略关于增值服务边际投资成本（效用）的变化关系

边际投资成本系数	交叉网络外部性强度	平台对顾客的定价策略	平台对商户的定价策略
$\phi > \bar{\phi}$	$\alpha_s < \alpha_b$	$\partial p_b^* / \partial \phi < 0$	$\partial p_s^* / \partial \phi < 0$
	$\alpha_s \geq \alpha_b$	$\partial p_b^* / \partial \phi \geq 0$	
$\phi \leq \bar{\phi}$	对所有 α_b、α_s	$\partial p_b^* / \partial \phi = 0$	$\partial p_s^* / \partial \phi = 0$
对所有 ϕ	$\alpha_s < \alpha_b$	$\partial p_b^* / \partial \beta_s > 0$	$\partial p_s^* / \partial \beta_s > 0$
	$\alpha_s \geq \alpha_b$	$\partial p_b^* / \partial \beta_s \leq 0$	

在表 2.2 中，当边际投资成本系数大于阈值 $\bar{\phi}$，即 $\phi > \bar{\phi}$ 时，平台

对商户的最优定价随边际投资成本的增加而降低,而平台对顾客的收费随着边际投资成本的增加可能会增加也可能会减少。为进一步说明平台增值服务的边际投资成本对其最优定价的影响,我们做了两个数值模拟实例。为了方便说明问题,在数值模拟中,假定双边用户的市场规模为1,即 $M_i = 1(i = \mathrm{b, s})$。数值模拟的结果如图2.1所示。

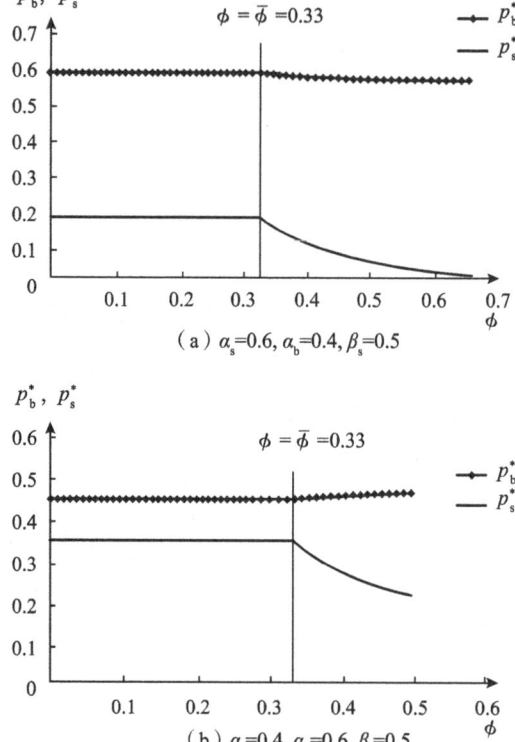

图2.1 不同的交叉网络外部性强度下数字平台对商户增值服务投资的最优定价策略

直观上,更高的边际投资成本将导致平台对用户收取更多的费用。然而,表2.2第四列的上半部分显示,当边际投资成本增加时,平台对用户的收费是降低的。从图2.1中可以看到,当边际投资成本系数低于阈值 0.33 时，平台对双边用户的最优定价保持不变；而当边际投资成本系数大于阈值 0.33 时，随着边际投资成本系数的不断增加，平台对商户的收费逐渐减少。在定理 2.1 中，当边际投资成本系数小于或等于阈值 $\overline{\phi}$，即 $\phi \leqslant \overline{\phi}$ 时，平台的最优投资水平达到最大值，最优投资策略与边际投资成本无关。在最高投资水平下，平台对用户的最优收费保持不变。当边际投资成本系数继续增加时，由于投资成本的升高，平台会减少投资，因此，商户能够从增值服务投资中获得的效用将会减少，进而导致进入平台的商户数量减少。在这种情形下，降低对商户的收费能够促进商户效用和商户数量的增加。商户数量的增加又将通过交叉网络外部性促进顾客效用的增加，从而吸引更多的顾客进入平台。如此一来，增值服务投资成本的升高给平台造成的损失将通过总体用户数量的增加而得到弥补。因此，当边际投资成本升高时，降低对商户的收费将会更加有利。

在图 2.1 中，通过比较 (a) 和 (b) 两图，可以发现表 2.2 中第三列的第二行和第三行的结果，平台对顾客的最优收费在 $\alpha_s \geqslant \alpha_b$ 时随增值服务边际投资成本系数的增加而增加，在 $\alpha_s < \alpha_b$ 时随边际投资成本系数的增加而减少。定理 2.1 表明，当边际投资成本系数大于阈值 $\overline{\phi}$ 时，最优投资水平随着边际投资成本系数的增加而降低。但是，当 $\alpha_s \geqslant \alpha_b$ 时，顾客数量的减少幅度将更小，也就是说，投资成本的增加对顾客的影响更小。因此，平台在面对更高的投资成本时，可以通过对顾客收取更多的费用来降低投资成本的增加所造成的损失。当 $\alpha_s < \alpha_b$ 时，交叉网络外部性的存在将会使投资成本的增加给顾客造成更大的影响，顾客数量减少的幅度将比商户数量减少的幅度更大。此时，降低对顾客的收费能够减小投资成本的增加对顾客造成的影响，避免顾客数量出现较大幅度的减少而使平台遭受较大的利润损失。

在表 2.2 中，第四列的下半部分显示，平台对商户的最优收费随着增值服务边际投资效用的增加而增加,而第三列的第五行和第六行显示,平台对顾客的收费随着边际投资效用的增加可能会增加也可能会减少。当边际投资效用 β_s 更大时,平台的增值服务对商户具有更大的吸引力,能够给商户带来更大的效用,因此,平台可以对商户收取更多的费用。与此同时,因为增值服务给商户带来了更多的好处,促使更多的商户进入平台,将会对平台更有利。所以当 $\alpha_s \geq \alpha_b$ 时,平台对顾客收取更低的费用,从而促进顾客数量的增加,并间接增加了商户的数量,以此获取更多的利润。当 $\alpha_s < \alpha_b$ 时,若增值服务能够给商户带来更大的效用,增值服务实际上间接地在更大程度上提升了顾客的效用,因此,平台对顾客收取更高的费用能够获取更多的利润。

命题 2.3 令 $W = \alpha_b \beta_s^2 M_s / (\alpha_b - \alpha_s)$,$Z = 2\beta_s^2 / [(\alpha_b^2 - \alpha_s^2) M_b]$,平台对用户的最优收费关于用户市场规模的变化关系见表 2.3。

表 2.3 定价策略关于用户市场规模的变化关系

边际投资成本系数	交叉网络外部性强度	平台对顾客的定价策略	平台对商户的定价策略
$\phi \leq \bar{\phi}$	$\alpha_s < \alpha_b$	$\partial p_b^* / \partial M_i > 0$	$\partial p_s^* / \partial M_i < 0$
	$\alpha_s \geq \alpha_b$	$\partial p_b^* / \partial M_i \leq 0$	$\partial p_s^* / \partial M_i \geq 0$
$\bar{\phi} < \phi \leq W$ ($\bar{\phi} < \phi \leq Z$)	$\alpha_s < \alpha_b$	$\partial p_b^* / \partial M_i > 0$	$\partial p_s^* / \partial M_b \geq 0$ ($\partial p_s^* / \partial M_s \geq 0$)
	$\alpha_s \geq \alpha_b$	$\partial p_b^* / \partial M_i \leq 0$	$\partial p_s^* / \partial M_i > 0$
$\phi > W$ ($\phi > Z$)	$\alpha_s < \alpha_b$	$\partial p_b^* / \partial M_i > 0$	$\partial p_s^* / \partial M_b < 0$ ($\partial p_s^* / \partial M_s < 0$)
	$\alpha_s \geq \alpha_b$	$\partial p_b^* / \partial M_i \leq 0$	$\partial p_s^* / \partial M_i > 0$

在表 2.3 中,当 $\alpha_s \geq \alpha_b$ 时,平台对顾客的最优收费随用户市场规模的扩大而减少,对商户的最优收费随用户市场规模的扩大而增加。因为当用户市场规模更大时,将有更多的用户进入平台,在此基础上,平台可以通过进一步促进用户数量的增加来提升利润。当 $\alpha_s \geq \alpha_b$ 时,

第 2 章 单边用户增值服务投资和定价策略

减少对顾客的收费促进了顾客数量的增加,从而间接地增加了进入平台的商户数量,平台可以通过对商户收取更多的费用来提升利润。

在 $\alpha_s < \alpha_b$ 的情形下,平台对顾客的收费随用户市场规模的扩大而增加。相比较而言,当平台对商户增值服务投资的边际投资成本系数在不同范围内时,平台对商户的收费随用户市场规模的扩大可能增加也可能减少。对顾客而言,当 $\alpha_s < \alpha_b$ 时,在用户市场规模扩大的基础上,增值服务间接地给顾客带来了更多的效用,因此,平台增加了对顾客的收费。对于商户来说,当边际投资成本系数小于或等于其阈值,即 $\phi \leq \bar{\phi}$ 时,平台最优投资水平达到最高,此时促使更多的商户进入平台将更为有利。当用户市场规模更大时,减少对商户的收费将促使更多的商户进入平台,从而使增值服务惠及更多商户。用户数量的增加给平台带来的利润将会大于减少对用户收费所造成的损失,从而在总体上促进平台利润的增加。

当边际投资成本增加,即 $\bar{\phi} < \phi \leq W$ 或者 $\bar{\phi} < \phi \leq Z$ 时,平台最优投资水平将有所降低,但此时因为用户市场规模的扩大,仍然有较多的用户能够通过增值服务获益,因此,提升对商户的收费可以增加平台的利润。然而,当边际投资成本增加到较高水平,即 $\phi > W$ 或者 $\phi > Z$ 时,平台的最优投资水平将出现较大程度的降低,商户的数量也将随之出现较大程度的减少。为了避免商户数量的急剧下降,当用户市场规模扩大时,平台可以适当降低对商户的收费来进一步促进用户数量的增加,从而在一定程度上减少过高的投资成本给平台造成的损失。

此外,值得一提的是,表 2.3 的第五行和第七行显示,当 $\phi > \bar{\phi}$ 时,如果双边用户的交叉网络外部性强度相同,即 $\alpha_s = \alpha_b$,平台会增加对商户的收费。平台此时增加对商户的收费,一方面是因为商户从平台的增值服务中获益;另一方面是因为当 $\alpha_s = \alpha_b$ 时,双边用户的交叉网络外部性强度相同,投资水平的降低并不会给顾客造成较大的损失，平台没有必要通过降低对商户的收费来间接减少顾客效用的损失。

2.2.2 数字平台对顾客进行增值服务投资的情形

当数字平台对顾客进行增值服务投资时，式（2.1）可以重新表述为

$$u_b = u_k + \alpha_b n_s + \beta_b y - p_b \tag{2.7}$$

式中，$y \in [0, 1]$ 代表的是增值服务的投资水平。与平台对商户进行增值服务投资的情形类似，$y=1$ 对应着平台的最高投资水平。现实中，当一家商业银行所开发的移动应用能够包含所有可能的自助服务时，就可以将增值服务的水平视为最高。同样，$\beta_b \in (0, 1)$ 表示单位额外的增值服务给顾客带来的效用。

当进入平台所获得的效用不小于零时，用户才会进入平台，根据式（2.2）和式（2.7），当用户效用非负时，进入平台的用户数量可以表示为

$$n_b = M_b(1 + \alpha_b n_s + \beta_b y - p_b) \tag{2.8}$$

$$n_s = M_s(\alpha_s n_b - p_s) \tag{2.9}$$

假定当平台提供增值服务的水平为 y 时，需要消耗的投资成本为 $\varphi y^2/2$，那么平台的利润函数为

$$\max \Pi(p_b, p_s, y) = p_b n_b + p_s n_s - \varphi y^2/2 \tag{2.10}$$

通过式（2.8）和式（2.9），将平台利润函数最大化，可以得到当数字平台通过投资为顾客提供增值服务时，其最优投资策略和定价策略如下。

定理2.2 令 $G = \varphi I - 2\beta_b^2 M_b$，$\overline{\varphi} = (2\beta_b M_b + 2\beta_b^2 M_b)/I$，数字平台的最优投资策略和定价策略为：

(1) 当 $\varphi \leq \overline{\varphi}$ 时, $y^* = 1$, $p_b^* = [2 - \alpha_s(\alpha_b + \alpha_s)M_bM_s](1 + \beta_b)/I$, $p_s^* = (\alpha_s - \alpha_b)(1 + \beta_b)M_b/I$。

(2) 当 $\varphi > \overline{\varphi}$ 时, $y^* = 2\beta_b M_b/G$, $p_b^* = \varphi[2 - \alpha_s(\alpha_b + \alpha_s)M_bM_s]/G$, $p_s^* = \varphi(\alpha_s - \alpha_b)M_b/G$。

定理2.2说明,当数字平台为顾客提供增值服务时,最优投资策略也服从一个单阈值策略。当边际投资成本系数 φ 小于阈值 $\overline{\varphi}$ 时,进行最高水平的投资将是平台的最优投资策略。此时,因投资水平最高,平台对用户的最优收费策略与增值服务的边际投资成本系数无关。当边际投资成本系数 φ 大于阈值 $\overline{\varphi}$ 时,平台的服务投资水平将低于最大值,且边际投资成本系数将成为平台最优定价策略的决定因素之一。

从平台对双边用户的最优定价策略可以看出,与平台对商户服务投资的情形不同,当双边用户的交叉网络外部性强度不同时,平台对商户可能收费也可能补贴,平台对顾客则始终收费而不补贴。在我们的问题中,假定在没有商户进入平台的情况下,顾客仍然能够获得进入平台的初始效用。当平台对顾客提供增值服务时,顾客进入平台能够获得的效用将有很大程度的增加,因此平台对顾客始终收费。相比较而言,平台不能为商户创造初始效用,当 $\alpha_s > \alpha_b$ 时,顾客给商户创造了更大的交叉网络效用。因此,当平台为顾客提供增值服务时,顾客数量的增加将使得商户获得更多的交叉网络效用。所以,平台对顾客的增值服务投资间接地为商户带来了更多的益处。因此,平台在这种情况下可以对商户收取费用,从而提高其利润。相反,当 $\alpha_s < \alpha_b$ 时,商户能够给顾客贡献更多的交叉网络效用。因为平台对顾客提供增值服务,进入平台的顾客数量越多,就越能够发挥增值服务的作用。此时平台对商户补贴能够吸引更多的商户进入平台,从而促使顾客数量进一步增加,而更多的顾客可以给平台带来更高的利润。

类似地,平台的最优收费策略同样受到增值服务边际投资成本和边际效用的重要影响。通过对平台的最优收费策略进行灵敏度分析，探讨了平台的最优定价关于这些参数的变化关系。同样，也分析了双边用户的市场规模 $M_i(i=b,s)$ 对平台定价策略的影响，最终的结果和平台对商户服务投资的情形相同，因此不在这里再次呈现这一结果。平台最优收费策略关于边际投资成本系数和边际效用的变化关系如下。

命题 2.4 数字平台对顾客提供增值服务的边际投资成本系数和边际效用对其最优收费策略的影响见表 2.4。

表 2.4 数字平台定价策略关于边际投资成本系数和边际效用的变化关系

边际投资成本系数	交叉网络外部性强度	平台对顾客的收费策略	平台对商户的收费策略
$\varphi \leqslant \bar{\varphi}$	$\alpha_s \leqslant \alpha_b$	$\partial p_b^*/\partial \beta_b > 0$,	$\partial p_s^*/\partial \beta_b \leqslant 0$, $\partial p_s^*/\partial \varphi = 0$
	$\alpha_s > \alpha_b$	$\partial p_b^*/\partial \varphi = 0$	$\partial p_s^*/\partial \beta_b > 0$, $\partial p_s^*/\partial \varphi = 0$
$\varphi > \bar{\varphi}$	$\alpha_s \leqslant \alpha_b$	$\partial p_b^*/\partial \beta_b > 0$,	$\partial p_s^*/\partial \beta_b > 0$, $\partial p_s^*/\partial \varphi \geqslant 0$
	$\alpha_s > \alpha_b$	$\partial p_b^*/\partial \varphi < 0$	$\partial p_s^*/\partial \beta_b > 0$, $\partial p_s^*/\partial \varphi < 0$

表 2.4 呈现了与平台对商户进行增值服务投资相类似的结果。为进一步说明边际投资成本系数对于平台最优收费策略的影响，同样做了数值分析。为了分析简便，假设双边用户的最优市场规模 $M_i = 1(i=b, s)$。数值分析的结果如下：

从图 2.2 中可以看出，当边际投资成本系数小于阈值 $\bar{\varphi} = 0.59$ 时，平台对双边用户的定价都保持不变，如表 2.4 中第四列的第二行和第三行所示。但随着边际投资成本系数 φ 的不断增加，平台对顾客的收费将不断降低，如表 2.4 中第三列最后一部分所示。造成这种结果的原因在于，当 φ 低于阈值 0.59 时，平台的增值服务投资水平最高，最优收费策略与边际投资成本系数无关，因而最优收费策略保持不变，即 $\partial p_i^*/\partial \varphi = 0$ $(i=b, s)$。否则，当边际投资成本系数大于阈值 0.59 时，减少对顾客的收费将促进顾客数量的增加，并间接促进商户数量的增加。虽然平台降低了对顾客的收费，但用户整体数量的增加将在总体上促进平台利润的提升。

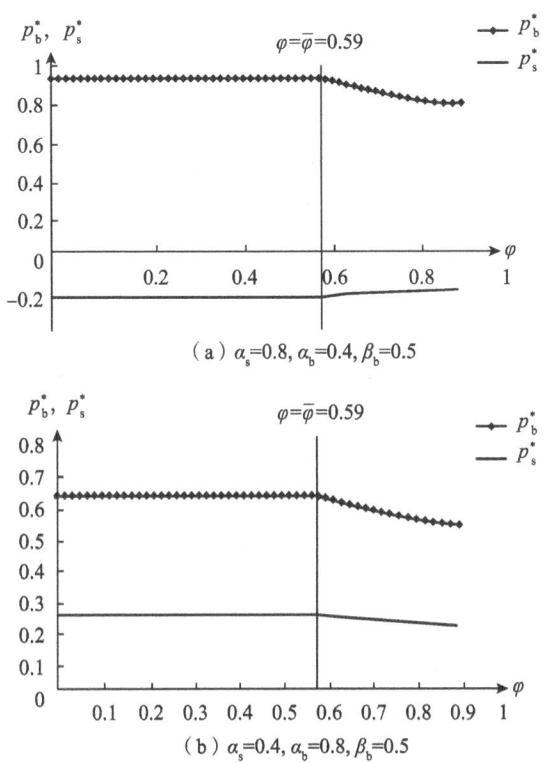

图 2.2　不同的交叉网络外部性强度下数字平台
对顾客增值服务投资的最优定价策略

比较图 2.2 中的（a）和（b）两图可以发现，当 $\varphi > \bar{\varphi}$ 时，如果 $\alpha_s > \alpha_b$，那么平台对商户的收费随边际投资成本系数的增加而减少；如果 $\alpha_s < \alpha_b$，那么平台对商户的收费随边际投资成本系数的增加而增加。当 $\alpha_s > \alpha_b$，最优投资水平因投资成本的增加而降低时，顾客数量的减少将导致商户数量出现更大程度的减少，因为商户将会受到更大的影响。为避免商户数量出现急剧下滑，平台减少对商户的收费能够在一定程度上降低商户效用的损失，从而减少增值服务投资成本的增加所带来的负面影响。而当 $\alpha_s < \alpha_b$ 时，顾客受到投资成本增加的影响更大，此时增加对商户的收费可以在一定程度上弥补平台因投资成本升高而遭受的利润损失。

在表 2.4 中，第四列显示，当边际投资效用 β_b 升高时，平台对商户的收费可能会增加也可能会减少。当 $\varphi \leqslant \overline{\varphi}$ 时，平台的投资水平达到最高，而如果 $\alpha_s > \alpha_b$，顾客将为商户贡献更多的交叉网络效用，此时平台的增值服务会为商户间接地带来更大的效用，因此，平台会增加对商户的收费以获取更多的利润。反之，当 $\alpha_s < \alpha_b$ 时，商户将为顾客贡献更多的交叉网络效用，因此，降低对商户的收费可以促使更多的商户进入平台，从而间接地增加顾客的数量。虽然平台降低了对商户的收费，但整体用户数量的增加能够使平台获取更多的利润。当 $\varphi > \overline{\varphi}$ 时，平台的投资水平降低，但当 β_b 增大时，平台的整体用户数量仍然增加，因此对商户收取更高的费用可在一定程度上降低投资成本增加所带来的损失。而对于顾客来说，当 β_b 增大时，平台始终对顾客收取更高的费用。这是因为当顾客的边际投资效用更高时，增值服务给顾客带来的总效用更高，因此，平台可以对顾客收取更高的费用来提升利润。

2.3 增值服务投资前后的比较分析

本节将从不同的方面做出一些比较分析。首先，在假设平台对商户和对顾客增值服务投资的边际投资成本系数相同的前提下，比较在哪种情形下平台的利润更大，并将结果呈现在命题 2.5 中。其次，比较在进行增值服务投资和不提供增值服务投资时,平台对用户最优收费策略的不同,并将结果呈现在命题2.6中。最后,在命题2.7中展示了当平台对用户提供增值服务后,与不提供增值服务的情形相比,如果平台对双边用户的收费都增加,那么对哪方用户的收费增加幅度更大。

命题2.5 令 $K=2\beta_b^2\beta_s^2M_s/[4\beta_b^2-\beta_s^2M_s^2(\alpha_b+\alpha_s)^2]$,那么当 $\phi=\varphi>\max[\overline{\phi},\overline{\varphi}]$ 时:

(1) 如果 $\beta_s\leqslant\beta_b$,对顾客进行增值服务投资将更有利。

(2) 如果 $\beta_b<\beta_s\leqslant2\beta_b/[M_s(\alpha_b+\alpha_s)]$,那么当 $\max[\overline{\phi},\overline{\varphi}]<\phi<K$ 时,对商户投资将更有利;当 $\phi>K$ 时,对顾客投资将更有利。

(3) 如果 $\beta_s>2\beta_b/[M_s(\alpha_b+\alpha_s)]$,对商户投资将更有利。

给定 $\phi=\varphi>\max[\overline{\phi},\overline{\varphi}]$,$\beta_b>\beta_s$ 表明,平台对顾客进行增值服务投资可获取更高的利润。事实上,由于顾客进入平台可获得初始效用,在 $\phi=\varphi$ 的条件下,只要 $\beta_s\leqslant\beta_b$,平台对顾客进行增值服务投资总是能够获取更高利润。如果 $\beta_s>\beta_b$,增值服务投资对商户将更加具有吸引力。然而,当边际投资成本处于较高水平,即 $\phi>K$ 时,增值服务的投资水平将会有很大程度的降低。此时,因为顾客可得到初始效用,对顾客进行增值服务投资可以使其进入平台的效用有很大提高,因此,对顾客进行增值服务投资将更有利。当 $\max[\overline{\phi},\overline{\varphi}]<\phi<K$ 时,平台可在相对较高的水平上进行增值服务投资,因为 β_s 较大,对商户进行增值服务投资将更有利。如果 $\beta_s>2\beta_b/[M_s(\alpha_b+\alpha_s)]$,那么增值服务将给商户带来非常大的益处,因此对商户进行服务投资可以为平台带来更高的收益。

命题2.6 将数字平台进行增值服务投资和不进行增值服务投资情况下对用户最优收费的变化表示为 Δp_b^*、Δp_s^*,那么:

(1) 当平台为商户提供增值服务时,$\Delta p_s^*>0$,如果 $\alpha_b<\alpha_s$,则

$\Delta p_b^* < 0$；如果 $\alpha_b > \alpha_s$，则 $\Delta p_b^* > 0$。

（2）当平台为顾客提供增值服务时，$\Delta p_b^* > 0$，如果 $\alpha_s < \alpha_b$，则 $\Delta p_s^* < 0$；如果 $\alpha_s > \alpha_b$，则 $\Delta p_s^* > 0$。

上述结论表明，与不提供增值服务的情形相比，平台进行增值服务投资之后，会对得到增值服务的用户收取更高的费用，而对没有得到增值服务的用户可能收取更高的费用也可能收取更低的费用。

直观上，对于得到增值服务的用户，因为平台付出了一定的成本进行投资，且增值服务直接提升了这类用户进入平台的效用，故平台会对得到增值服务的用户收取更高的费用。而对于没有直接得到增值服务的用户来说，双边用户相对交叉网络外部性强度的不同会导致平台采取不同的收费策略。特别地，当平台为顾客提供增值服务时，如果 $\alpha_b < \alpha_s$，那么，平台将提升对商户的收费；反之，若 $\alpha_b > \alpha_s$，平台则会降低对商户的收费。这是因为，当 $\alpha_b < \alpha_s$ 时，顾客为商户创造了更多的交叉网络效用。因此，当平台为顾客提供的增值服务促使顾客数量增加时，实际上为商户带来了更多益处。所以，当 $\alpha_b < \alpha_s$ 时，平台在进行增值服务投资之后会提升对商户的收费。当 $\alpha_b > \alpha_s$ 时，商户为顾客贡献了更多的交叉网络效用，平台对顾客的增值服务投资使顾客进入平台后获取了更多的效用，因此，促进顾客效用的提高对平台更有利，而降低对商户的收费正是能够促进顾客数量增加的有效方式，故平台会减少对商户的收费，从而促进整体用户数量的增加，通过用户规模的扩大来获取更高的利润。

命题 2.7 若数字平台在进行增值服务投资之后对双边用户的收费都增加，那么：

（1）当平台为商户提供增值服务时，如果 $\alpha_b > F/M_s + \alpha_s$，那么 $\Delta p_b^* > \Delta p_s^*$；如果 $\alpha_s < \alpha_b \leq F/M_s + \alpha_s$，那么 $\Delta p_b^* \leq \Delta p_s^*$。

（2）当平台为顾客提供增值服务时，如果 $\alpha_s > E/M_b + \alpha_b$，那么

$\Delta p_\mathrm{s}^* > \Delta p_\mathrm{b}^*$；如果 $\alpha_\mathrm{b} < \alpha_\mathrm{s} \leq E/M_\mathrm{b} + \alpha_\mathrm{b}$，那么 $\Delta p_\mathrm{s}^* \leq \Delta p_\mathrm{b}^*$。

这一结论表明，进行增值服务投资之后，针对不同的交叉网络外部性强度，平台对未得到增值服务的用户收费增加的幅度可能会大于直接得到增值服务的用户。当未得到增值服务的用户得到的单位交叉网络效用高于得到增值服务的用户但低于特定值，即 $\alpha_\mathrm{s} < \alpha_\mathrm{b} \leq F/M_\mathrm{s} + \alpha_\mathrm{s}$ 或者 $\alpha_\mathrm{b} < \alpha_\mathrm{s} \leq E/M_\mathrm{b} + \alpha_\mathrm{b}$ 时，平台对得到增值服务的用户的收费将有更大的增加幅度。这是因为尽管未得到增值服务的用户能获得相对更多的单位交叉网络效用，但平台的增值服务投资仍然对直接得到增值服务的用户提供更多的总效用。而当未得到增值服务的用户得到的单位交叉网络效用大于某一特定值，即 $\alpha_\mathrm{b} > F/M_\mathrm{s} + \alpha_\mathrm{s}$ 或者 $\alpha_\mathrm{s} > E/M_\mathrm{b} + \alpha_\mathrm{b}$ 时，平台的增值服务间接地通过交叉网络外部性在更大的程度上提高了未得到增值服务的用户的效用。因此，尽管平台并未直接为这类用户提供增值服务，但对这类用户的收费会有更大的提升幅度。

2.4　现实意义讨论

以上关于数字平台最优定价策略的性质表明，双边用户的相对交叉网络外部性强度衡量了双边用户对于平台的相对"重要性"。在通过投资为用户提供增值服务时，平台需要降低对更为重要的一方用户的收费来促使整体用户数量的增加，从而获取更多的利润。现实中，不乏通过降低对一边用户的收费来促使用户数量增加，从而获得更多利润的例子。例如，如果把信用卡业务视为银行为顾客提供的增值服务，因持卡人对于和银行合作的商户来说更有吸引力，持卡人则可以被视为更为重要的一方。若持卡人在使用信用卡时满足一年之内完成一定数量交易笔数的要求，那么可以免除其信用卡年费。事实上，免费使用信用卡的条件非常容易达到，因此可将银行对信用卡的使用费视为零，如此一来，与借记卡相比，平台便降低了对持卡人的收费。顾客在使用信用卡的过程中可获得较大的效用，因此信用卡在全球范围内得到了广泛的使用。而通过从持卡人和商户进行的每笔交易中收取一定比例的交易费，银行仍然能够获得较为可观的收入。

此外，本研究的结果还表明，尽管数字平台在提供增值服务时需要付出一定的投资成本，但通过对用户进行补贴可以扩大用户规模。在现实中，同样可以找到采用这种收费策略的例子。例如，打车 App 可以看成是典型的数字平台，连接着乘客和司机两类用户。可以将打车平台把出租车或者专车等呼叫服务嵌入微信等即时通信软件视为其开发的一种增值服务，通过为乘客提供这种服务，打车平台的服务质量便得到了提升，乘客能够更加方便、快捷地使用打车服务。尽管在基本服务的基础上增加了这种增值服务，乘客依然可以在使用打车服务之后获得一定额度的补贴。通过这种方式，使用打车 App 的用户数量在短时间内得到了迅速增加。

总体而言，为了通过增值服务给用户提供更大的效用，数字平台的决策者可以采用一些特别的策略。对于进入数字平台的双边用户，其对平台的相对"重要性"在平台增值服务定价决策中起到了非常重要的决定性作用。对于数字平台来说，降低对更为"重要"的用户群体的收费，能够有效扩大用户规模，从而获取更多的利润。

2.5　小　结

本章研究了垄断性数字平台如何对单边用户进行增值服务投资，以及在进行增值服务投资之后如何对双边用户进行收费。研究结果表明，当增值服务的边际投资成本系数低于一定的阈值时，平台的最优投资水平达到最高；当增值服务的边际投资成本系数高于一定的阈值时，平台的最优投资水平则会随边际投资成本系数的增加而不断降低。在平台对用户最优收费策略方面，当边际投资成本系数高于一定阈值时，边际投资成本的增加将促使平台降低对得到增值服务的用户的收费；而对另一边用户的收费随着边际投资成本的提高既可能增加也可能减少。与不进行增值服务投资的情形相比，对于双边用户的相对交叉网络外部性强度，平台对没有得到增值服务的用户既可能增加收费也可能减少收费。此外，在进行增值服务投资之后，如果平台对双边用户的收费都提高，那么对于未得到增值服务的用户，平台对其收费可能会有更大程度的增加。

本章的研究结果表明，在平台提升其服务水平时，仍然可以采取对用户进行补贴的策略。但当边际投资成本系数在较高水平上不断增加时，降低对得到增值服务的用户的收费可通过交叉网络外部性促使整体用户数量的增加，从而在一定程度上减少增值服务成本的增加给平台造成的损失。此外，双边用户的交叉网络外部性强度衡量了双边用户对平台的重要性，对平台来说更为重要的一边用户，平台需减少对这类用户的收费，从而利用这部分用户通过交叉网络外部性为另一边用户创造更大的效用，促使另一边用户数量的增加，从而通过扩大总体用户规模使平台获取更高的利润。不仅如此，双边用户的相对交叉网络外部性强度在平台对没有得到增值服务的用户制定收费策略时起着决定性作用。当未得到增值服务的用户通过交叉网络外部性从（为）得到增值服务的用户处获得（带来）更多的效用时，在进行增值服务投资之后，平台需增加（减少）对该类用户的收费。当得到增值服务的用户通过交叉网络外部性为未得到增值服务的用户带来的交叉网络效用达到一定程度时，因其通过增值服务间接获得了非常大的效用增加量，与不进行增值服务投资的情形相比，平台对其收费增加的程度会大于得到增值服务的用户。

第3章 双边用户增值服务投资和定价策略

在数字平台的增值服务中，有些增值服务能够同时提升双边用户的效用，如电商平台天猫的在线交流工具阿里旺旺，苹果公司开发的图像显示技术 Metal 等。这些增值服务因为能够同时提升双边用户的效用，所以能够给平台带来较大的效益提升。然而在现实情况中，平台可以用于投资的资源总量是有限的，从这一角度出发，本章主要研究了如果致力于投资能够同时增加双边用户效用的增值服务，那么平台应当如何做出增值服务的投资决策和相应的收费决策，并探讨了平台的最优策略关于一些投资参数的变化关系。

3.1 问题的引出

现实中，很多数字平台通过投资为用户开发增值服务，以此扩大用户效用和参与度（Kuo, Wu, and Deng, 2009; Zhang et al., 2015; Houssos et al., 2002）。有的增值服务只针对单边用户提供，如银联商务为合作商户提供大数据分析服务，这种服务可以为商户提供更为高效精准的营销指导和建议，商户可以从这种增值服务中获得益处。而有的数字平台则可以通过投资来开发一些能同时使双边用户获益的增值服务。以下是两个同时提升双边用户效用的实例。

一是阿里集团所开发的能使商家和顾客在商品交易中进行在线交流的工具阿里旺旺。通过阿里旺旺，顾客在线购买某种商品时可以和商家进行交流，了解更多与商品相关的信息，或者询问有关售后问题；商家不仅可以通过与顾客进行在线交流来促进商品交易量的提升，还可以促进内部员工之间的交流，加强员工之间的相互协作，从而提升工作效率。例如，售前客服可以通过阿里旺旺和后台仓库工作人员核实库存状态，或者将一项售后处理业务转交给售后客服人员等。因此，进入平台的双边用户都能够从这种增值服务中获得益处。

二是苹果公司开发的图像显示技术 Metal。利用这种技术，游戏开发商在开发游戏软件时，可以更好地发挥硬件技术的性能，从而开发出质量更高、画质更为精细的游戏。此外，利用 Metal 技术，游戏开发商还可以缩短整个游戏开发的过程，提高游戏开发效率。对于游戏玩家来说，因为通过 Metal 技术开发出来的游戏具有更为精细的画质，用户体验得到了大幅提升。因此，Metal 技术同时增加了游戏开发商和游戏玩家的效用。

尽管增值服务投资提升了用户效用并因此扩大了用户规模，但在现实投资问题中，可用于投资的资源总是有限的。对于数字平台而言，并不能无限制地通过投资开发增值服务来增加用户数量或者提升用户粘性。例如，在进行增值服务投资时，数字平台可用于投资的资金可能是有限的；某项工程的预算是一定的；在开发增值服务的具体过程中，可调配的人力资源也是有限的；现有技术水平是有限的，无法开发更高质量的服务。也就是说，有限的投资资源会限制平台对于增值

第 3 章 双边用户增值服务投资和定价策略

服务的开发。

另外,数字平台的显著特征是双边用户通过交叉网络外部性彼此相互影响,任何一边用户进入平台所获得的效用都会受到另一边用户的影响。鉴于本章所考虑的增值服务可使双边用户同时获益,一边用户效用的增加又会同时促进另一边用户效用的增加。除此之外,平台对双边用户的收费是影响用户效用的另一个重要因素,平台对一边用户的收费策略同时又会影响另一边用户获得的效用,从而影响平台对另一边用户的收费策略。因此,在面对投资资源限制时,如何通过投资为用户提供增值服务,以及如何对用户收取费用是非常具有研究价值的问题。在本章中,通过建立模型来探讨数字平台在面对投资资源限制时的增值服务投资和定价策略。在模型的建立过程中,不仅将双边用户视为具有不同特征的用户群,还从一些特定的角度将单边用户群中的用户视为各不相同的个体。

3.2 模型的建立

与第 2 章类似,本章以一个垄断性数字平台为背景,双边用户分别为商户和顾客。根据 Hagiu 和 Spulber(2013)的研究,将市场上最大的潜在用户数量标准化为 1,双边用户数量在区间 [0,1] 上均匀分布。假设对进入平台的双边用户收取的费用为 p_i (i = b, s);双边用户的交叉网络外部性强度为 α_i(i = b, s; α_i > 0),即每个加入平台的一边用户为每个另一边用户所带来的效用(Armstrong,2006)。假设平台的增值服务投资水平为 x,单位水平的增值服务给用户带来的效用为 β_i(i = b, s),那么进入平台的每个顾客和每个商户所获得的总

· 47 ·

效用为

$$u_\mathrm{b} = u_\mathrm{k} + \alpha_\mathrm{b} n_\mathrm{s} + \beta_\mathrm{b} x - p_\mathrm{b} \quad (3.1)$$

$$u_\mathrm{s} = \alpha_\mathrm{s} n_\mathrm{b} + \beta_\mathrm{s} x - p_\mathrm{s} - f_\mathrm{m} \quad (3.2)$$

式中，n_i（$i =$ b，s；$n_i \in [0, 1]$）表示进入平台的用户的数量；$\alpha_i n_j$（i，$j =$ b，s；$i \neq j$）表示用户通过交叉网络外部性所获得的效用；$\beta_i x$（$i =$ b，s）表示增值服务给用户带来的效用增加量；u_k 和 f_m 是表示用户异质性的变量，其中，u_k 表示进入平台的顾客在没有商户加入平台时获得的基本效用（Rochet and Tirole，2006），f_m 表示商户通过平台向顾客提供产品或者服务所需要付出的成本。参照现有文献的做法（Armstrong，2006；Armstrong and Wright，2007；Anderson，Parker，and Tan，2013），假设 u_k 和 f_m 都是在 [0，1] 区间上均匀分布的随机变量。在模型中，α_i 和 β_i 可视为用户的边际交叉网络外部性强度和边际服务投资效用。

假定当增值服务投资水平为 x 时，平台需要付出的投资成本为 $cx^2/2$（Hagiu and Spulber，2013），这些成本可能包括工人的工资、数据库维护成本和硬件的更新成本等。其中，参数 c 可视为边际投资成本。假设平台的投资水平与投资资源之间呈线性关系，不失一般性地，假设单位投资资源能够使平台进行单位水平的增值服务投资。假设平台的投资资源为 z，则利润最大化目标函数为

$$\max \Pi(p_\mathrm{b}, p_\mathrm{s}, x) = p_\mathrm{b} n_\mathrm{b} + p_\mathrm{s} n_\mathrm{s} - cx^2/2 \quad (3.3)$$
$$\text{s. t. } 0 \leqslant x \leqslant z$$

其中，投资资源限制的约束条件可依据不同的现实条件表示为 $0 \leqslant \theta x \leqslant z$（$\theta > 0$，$\theta \neq 1$）。但投资资源与增值服务水平的其他线性关系并不对我们的结果产生定性的影响，不同的线性关系仅会导致模型的最优解变得不同。

在所考虑的问题背景中，数字平台、顾客和商户博弈的过程分为

两个不同的阶段。首先，以利润最大化为目标的数字平台决定最优的增值服务投资水平 x 和对双边用户进入平台所收取的费用 $p_i(i=\mathrm{b},\mathrm{s})$，博弈的所有参与者都能够了解这些信息；然后，在这些信息以及单边用户对另一边用户决策进行判断的基础上，每个用户决定是否加入平台。

3.3 主要结论

当用户进入平台所获得的总效用非负时，用户将选择加入平台。在式（3.1）和式（3.2）中，令 $u_i > 0$（$i=\mathrm{b},\mathrm{s}$），那么当 $u_k > p_\mathrm{b} - \alpha_\mathrm{b} n_\mathrm{s} - \beta_\mathrm{b} x$ 或者 $f_\mathrm{m} < \alpha_\mathrm{s} n_\mathrm{b} + \beta_\mathrm{s} x - p_\mathrm{s}$ 时，顾客和商户将选择加入平台。由于 u_k 和 f_m 是在 [0, 1] 上均匀分布的随机变量，当单个顾客进入平台的初始效用 u_k 在区间 [$p_\mathrm{b} - \alpha_\mathrm{b} n_\mathrm{s} - \beta_\mathrm{b} x$, 1] 上时，顾客才会进入平台；类似地，当商户向顾客提供产品或者服务的成本 f_m 在区间 [0, $\alpha_\mathrm{s} n_\mathrm{b} + \beta_\mathrm{s} x - p_\mathrm{s}$] 上时，商户才会进入平台。因此，进入平台的用户数量分别为

$$n_\mathrm{b} = 1 + \alpha_\mathrm{b} n_\mathrm{s} + \beta_\mathrm{b} x - p_\mathrm{b} \tag{3.4}$$

$$n_\mathrm{s} = \alpha_\mathrm{s} n_\mathrm{b} + \beta_\mathrm{s} x - p_\mathrm{s} \tag{3.5}$$

在式（3.4）和式（3.5）中，当 $x=0$ 时，进入平台的用户数量与 Hagiu 和 Hałaburda（2014）的研究中的用户数量相同。此时，平台的最优利润为 $1/[4-(\alpha_\mathrm{b}+\alpha_\mathrm{s})^2]$。在我们研究的问题中，平台在不进行增值服务投资时，仍然能够通过优化定价策略来获取利润，即 $1/[4-(\alpha_\mathrm{b}+\alpha_\mathrm{s})^2] > 0$。因此，为了使平台在不进行增值服务投资时仍然能够获取利润，与 Hagiu 和 Hałaburda（2014）的研究一样，

假设$\sum \alpha_i < 2$ ($i = $ b, s)。

通过将式(3.4)和式(3.5)代入目标函数式(3.3)，并对目标函数进行优化，令$I = 4 - (\alpha_b + \alpha_s)^2$, $D = [2\beta_b + \beta_s(\alpha_b + \alpha_s)]/(cI - K)$, $E = [2\beta_b + \beta_s(\alpha_b + \alpha_s) + zK]/zI$, $K = 2\beta_b^2 + 2\beta_b\beta_s(\alpha_b + \alpha_s) + 2\beta_s^2$，可以得到平台利用有限的投资资源对用户进行增值服务投资的最优投资和收费策略。

定理3.1 数字平台的最优增值服务投资和定价策略如下：

(1) 当$c \leqslant E$时，$x^* = z$，且$p_s^* = \{(\alpha_s - \alpha_b)(1 + z\beta_b) + z\beta_s[2 - \alpha_b(\alpha_b + \alpha_s)]\}/I$, $p_b^* = \{(1 + z\beta_b)[2 - \alpha_s(\alpha_s + \alpha_b)] + z\beta_s(\alpha_b - \alpha_s)\}/I$。

(2) 当$c > E$时，$x^* = D$，且$p_s^* = [c(\alpha_s - \alpha_b) + \beta_s(\beta_b + \alpha_b\beta_s)]/(cI - K)$, $p_b^* = \{c[2 - \alpha_s(\alpha_b + \alpha_s)] - \beta_s(\alpha_s\beta_b + \beta_s)\}/(cI - K)$。

定理3.1表明，在面对投资资源限制时，数字平台的最优投资策略仍然服从一个单阈值策略。当边际投资成本小于阈值E时，平台将利用所有的投资资源进行增值服务投资，此时增值服务投资水平最高，最优投资水平与边际投资成本无关；否则，当边际投资成本大于阈值E时，因为此时进行增值服务投资将花费较高的成本，所以减少投资将更为有利。平台此时可利用部分投资资源进行增值服务的投资，且边际投资成本成为最优投资水平的决定因素。

3.3.1 数字平台对双边用户收费或补贴条件的讨论

在进行增值服务投资之后，数字平台仍然可能对用户进行补贴。在定理3.1的基础上，我们分析了面对投资资源限制时，平台在何种情况下对用户收费，又在何种情况下对用户补贴。具体结果如下。

命题3.1 令$G = (\alpha_s - \alpha_b)/[2 - \alpha_s(\alpha_s + \alpha_b)]$, $F = \beta_s(\alpha_s\beta_b + $

$\beta_s)/[2-\alpha_s(\alpha_b+\alpha_s)]$,数字平台在增值服务投资后对顾客收费或补贴策略见表3.1。

表3.1 数字平台在增值服务投资后对顾客收费或补贴策略

边际投资成本	交叉网络外部性强度	其他条件	最优策略
$c \leqslant E$	$\alpha_s > \max[\alpha_b, 2/(\alpha_s+\alpha_b)]$	—	$p_b^* < 0$
	$\alpha_s < \min[\alpha_b, 2/(\alpha_s+\alpha_b)]$	—	$p_b^* > 0$
	$\min[\alpha_b, 2/(\alpha_s+\alpha_b)] < \alpha_s <$	$(1+z\beta_b)/(z\beta_s) > G$	$p_b^* > 0$
	$\max[\alpha_b, 2/(\alpha_s+\alpha_b)]$	$(1+z\beta_b)/(z\beta_s) < G$	$p_b^* < 0$
$c > E$	$\alpha_s > 2/(\alpha_s+\alpha_b)$	—	$p_b^* < 0$
	$\alpha_s < 2/(\alpha_s+\alpha_b)$	$c < F$	$p_b^* > 0$
		$c > F$	$p_b^* < 0$

命题3.2 令 $H = (\alpha_b - \alpha_s)/[2-\alpha_b(\alpha_b+\alpha_s)]$,$J = \beta_s(\beta_b+\alpha_b\beta_s)/(\alpha_b-\alpha_s)$,数字平台在增值服务投资后对商户收费或补贴策略见表3.2。

表3.2 数字平台在增值服务投资后对商户收费或补贴策略

边际投资成本	交叉网络外部性强度	其他条件	最优策略
$c \leqslant E$	$\alpha_b > \max[\alpha_s, 2/(\alpha_s+\alpha_b)]$	—	$p_s^* < 0$
	$\alpha_b < \min[\alpha_s, 2/(\alpha_s+\alpha_b)]$	—	$p_s^* > 0$
	$\min[\alpha_s, 2/(\alpha_s+\alpha_b)] < \alpha_b <$	$z\beta_s/(1+z\beta_b) > H$	$p_s^* > 0$
	$\max[\alpha_s, 2/(\alpha_s+\alpha_b)]$	$z\beta_s/(1+z\beta_b) < H$	$p_s^* < 0$
$c > E$	$\alpha_s \geqslant \alpha_b$	—	$p_s^* > 0$
	$\alpha_s < \alpha_b$	$c < J$	$p_s^* > 0$
		$c > J$	$p_s^* < 0$

由表3.1和表3.2可知,在进行增值服务投资之后,平台可能会对用户收费也可能会对用户补贴。定理3.1表明,当边际投资成本 c 小于阈值 E 时,平台将利用所有的投资资源在最高水平上进行增值服务投资。当 $\alpha_i > \max[\alpha_j, 2/(\alpha_i+\alpha_j)]$ 时,在 $\sum \alpha_i < 2$ 的条件下,可以得到

$\alpha_i > 2/(\alpha_i + \alpha_j) > 1 > \alpha_j (i, j = b, s; i \neq j)$。这表明当用户群 i 进入平台时，可通过交叉网络外部性得到较高的交叉网络效用。在这种情形下，补贴用户群 j 可增加此类用户的效用，并因此扩大进入平台的此类用户的数量。因为 $\alpha_i \gg \alpha_j$，每个新进入平台的 j 类用户可通过交叉网络外部性为 i 类用户带来非常大的交叉网络效用。因此，补贴 j 类用户可促使 i 类用户数量出现大规模的增加。如此一来，尽管补贴 j 类用户对平台获取利润不利，但 i 类用户数量的大规模增加却可以使平台获取更多的利润。在现实中，也可以发现这种收费策略。例如，银行通过补贴商户发起商户的促销活动，银行将商户打折促销付出的费用补贴给商户。因为促销活动提升了商户的知名度和销售量，而打折活动又可以为顾客带来很多好处，这种促销活动便能够吸引更多的顾客申请银行的信用卡或者其他类型的卡。因此，银行对商户补贴可吸引更多的商户和银行合作，同时可以吸引更多的顾客。相反，当 $\alpha_i < \min[\alpha_j, 2/(\alpha_i + \alpha_j)](i, j = b, s; i \neq j)$ 时，j 类用户可以获得更多的交叉网络效用。在这种情况下，因为增值服务为 j 类用户创造了更多的剩余价值，平台对此类用户收费可提升其总体利润。

当 $\min[\alpha_j, 2/(\alpha_i + \alpha_j)] < \alpha_i < \max[\alpha_j, 2/(\alpha_i + \alpha_j)](i, j = b, s; i \neq j)$ 时，i 类用户的交叉网络外部性强度适中，此时交叉网络外部性便不再是平台收费策略的决定性因素，而用户的边际投资效用则成为平台对 j 类用户收费策略的主导性因素。如果 $(1 + z\beta_b)/z\beta_s$ 大于边界值 G [或者 $z\beta_s/(1 + z\beta_b) > H$]，那么，平台的增值服务投资将为顾客（商户）创造大量的剩余价值，因此，对顾客（商户）收费将增加平台的利润。例如，电子商务平台的在线店铺装修服务可使在线商店更为美观，给顾客带来了更好的用户体验，因此能够为在线商家带来更多的潜在顾客，这便增加了商户进入平台的效用。因此，电子商务平台在向商户提供店铺装修服务时，会对商户收取一定的费用。当用户

第3章 双边用户增值服务投资和定价策略

边际投资效用较少，即 $(1+z\beta_b)/z\beta_s < G$ 或者 $z\beta_s/(1+z\beta_b) < H$ 时，对顾客（商户）进行补贴会促进顾客（商户）数量的增加，这反过来又将促进商户（顾客）数量的增加，最终将使整体用户的规模扩大，使平台获取更多的利润。

当边际投资成本 c 大于阈值 E 时，平台因投资成本较高而利用部分投资资源对用户进行增值服务投资。在命题3.1中，当 $\alpha_s > 2/(\alpha_s + \alpha_b)$ 时，双边用户的交叉网络外部性强度之间具有较大的差距，商户能够获取较大的交叉网络效用。因此，交叉网络外部性成为平台定价策略的主导因素。对于平台来说，补贴顾客能够促使商户数量出现大幅度的增加，可通过对大规模的商户收费来获取更高的利润。然而，当 $\alpha_s < 2/(\alpha_s + \alpha_b)$ 时，双边用户的交叉网络外部性强度之间的差距较小，平台并不能通过对一方用户补贴而有效地促进另一方用户数量的增加，因而交叉网络外部性将不再对平台的收费策略起决定性的作用。特别地，当边际投资成本 c 小于阈值 F 时，与 $c > F$ 时相比，增值服务的投资水平相对较高，并能为顾客带来相对较多的效用。因此，当 $c < F$ 时，平台将对顾客收取费用。相反，当 $c > F$ 时，平台的增值服务投资水平相对较低，补贴顾客能够促进总体用户数量的增加，并使平台通过对商户收费来获取更高的利润。

在命题3.2中，当 $\alpha_s \geq \alpha_b$ 时，由于增值服务使商户获益更多，因此，平台对商户收费并以此获利。当 $\alpha_s < \alpha_b$ 时，商户可以为顾客贡献更多的交叉网络效用，那么，增值服务的投资成本便再次成为平台对商户收费策略的决定性因素。与上一种情形类似，当边际投资成本 c 小于另一个阈值 J 时，与 $c > J$ 时相比，增值服务的投资水平相对较高，这为商户带来了相对较多的效用，因此平台可对商户收费。当 $c > J$ 时，平台的投资水平相对较低，投资成本对平台的影响较大，降低对商户的收费有利于扩大用户规模，从而能够更为有效地弥补投资成本的增加给平台带来的损失。

以上讨论的结果表明,对能够从平台获取更多效用的用户收费可以提高平台的利润,这一结果和现有关于数字平台价格策略的研究结果一致。除此之外,以上研究发现,当双边用户的交叉网络外部性强度(α_b、α_s)之间的差距较大时,交叉网络外部性是平台制定收费策略的决定性因素。对通过交叉网络外部性获得效用较少的用户采取补贴的策略,可以有效地促进整体用户数量的增加,平台通过对另一边用户收费来获取更高的利润。否则,如果双边用户的交叉网络外部性强度(α_b、α_s)之间的差距较小,对一边用户补贴并不能十分有效地促使另一边用户数量的增加。在这种情形下,边际投资成本或者用户的边际投资效用都可能成为平台最优收费策略的决定性因素。当投资成本升高时,平台依然可以在最优投资水平降低的情况下对用户补贴,以此扩大用户规模,并减少因投资成本的升高所造成的损失。

3.3.2 数字平台对双边用户收费策略的灵敏度分析

通过表3.1和表3.2还可以发现,当边际投资成本系数 c 大于阈值 E 时,平台的最优收费策略关于边际投资成本呈现出一些特殊的变化规律。例如,当 $c<J$ 时,$p_s^*>0$;当 $c>J$ 时,$p_s^*<0$。接下来通过灵敏度分析进一步探讨最优收费策略关于边际投资成本的变化关系,具体结果如下。

命题3.3 当 $c>E$ 时,用 $M(N)$ 表示顾客(商户)的边际投资效用的边界值 $\{K[2-\alpha_s(\alpha_b+\alpha_s)]-I\beta_s^2\}/\{(\alpha_s\beta_sI)[K(\alpha_b-\alpha_s)/I(\beta_b+\alpha_b\beta_s)]\}$,则:

(1) 当 $\alpha_s(\alpha_b+\alpha_s)\geqslant 2$ 时,$\partial p_b^*/\partial c>0$。

(2) 当 $\alpha_s(\alpha_b + \alpha_s) < 2$ 时，如果 $\beta_b > M$，则 $\partial p_b^*/\partial c > 0$；否则，$\partial p_b^*/\partial c < 0$。

(3) 当 $\alpha_s \geq \alpha_b$ 时，$\partial p_s^*/\partial c < 0$。

(4) 当 $\alpha_s < \alpha_b$ 时，如果 $\beta_s < N$，则 $\partial p_s^*/\partial c > 0$；否则，$\partial p_s^*/\partial c < 0$。

命题 3.3 的结果显示，当边际投资成本影响平台的最优投资水平时，随着边际投资成本的升高，平台对用户的收费既可能升高也可能降低。为进一步说明这一结果，我们也做了一些数值模拟。

对于命题 3.3 中的（1）和（3）两点，基本的参数值设为 $\alpha_s = 1.2$，$\alpha_b = 0.6$，$\beta_b = 0.2$，$\beta_s = 0.3$。在整个数值模拟中，将投资资源的数值设为 $z = 0.8$。图 3.1 显示了数字平台对顾客的最优收费随着边际投资成本的增加而增加，对商户的最优收费随着边际投资成本的增加而降低。

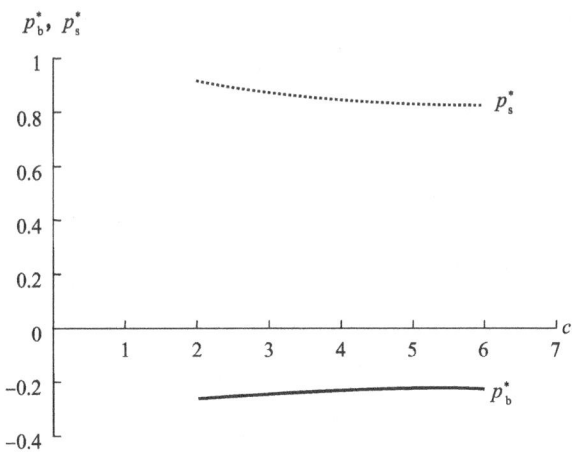

图 3.1 当 $\alpha_s(\alpha_b + \alpha_s) \geq 2$ 时数字平台对双边用户的最优收费随边际投资成本的变化

在图 3.1 中，在 $\alpha_s(\alpha_b + \alpha_s) \geq 2$ 的前提下，可以得到 $\alpha_s > 2/(\alpha_s + \alpha_b) > 1 > \alpha_b$，即增值服务投资为商户带来了非常大的益处。当投

资成本增加时，平台的最优投资水平降低，这样一来，用户通过增值服务得到的效用减少，用户数量也因此减少。另外，因为 $\alpha_s \gg \alpha_b$，当进入平台的顾客数量减少时，商户的效用和数量将出现大幅降低。此时，适当提高对顾客的收费将在一定程度上弥补增值服务投资水平的降低给平台造成的损失。此外，当 $\alpha_s(\alpha_b + \alpha_s) \geq 2$ 时，$\alpha_s \geq \alpha_b$ 成立，同样，当投资成本升高时，用户通过增值服务获得的效用降低，因而双边用户的数量有所减少。而 $\alpha_s \geq \alpha_b$ 还表明，商户将受到更大程度的影响，商户数量减少的幅度将更大。因此，降低对商户的收费可在一定程度上减少商户效用的损失，从而避免商户数量出现较大幅度的下降。

对于命题 3.3 中的第（2）点，将参数值设定为 $\alpha_s = 1$，$\alpha_b = 0.6$，且在 $\beta_b > M$ 的情形下，设定 $\beta_b = 0.2$，$\beta_s = 0.3$；在 $\beta_b < M$ 的情形下，设定 $\beta_b = 0.2$，$\beta_s = 0.1$。类似地，对于命题 3.3 中的第（4）点，设定 $\alpha_s = 0.6$，$\alpha_b = 1$，且在 $\beta_s > N$ 的情形下，设定 $\beta_b = 0.2$，$\beta_s = 0.1$；在 $\beta_s > N$ 的情形下，设定 $\beta_b = 0.2$，$\beta_s = 0.3$。图 3.2 所示为在不同情形下，数字平台对双边用户的最优收费随边际投资成本的变化关系。

在图 3.2（a）中，当 $\alpha_s(\alpha_b + \alpha_s) < 2$ 时，可以得到 $\alpha_b < 2/\alpha_s - \alpha_s$，与 $\alpha_s(\alpha_b + \alpha_s) \geq 2$ 的情形相比（即 $\alpha_b \geq 2/\alpha_s - \alpha_s$），顾客通过交叉网络外部性获得的效用减少。然而，当 β_b 大于边际投资效用的边界值 M 时，增值服务投资给顾客带来了更大的效用增加量，加上进入平台所获得的初始效用，顾客所得到的效用总量依然处于较高的水平，因此，平台可以提升对顾客的收费。如果边际投资效用低于边界值，即 $\beta_b < M$，那么顾客进入平台的总效用便处于较低的水平，因此，降低对顾客的收费可降低顾客效用的减少幅度，同时，也间接地降低了商户数量减少的程度。如此一来，投资成本的升高给平台带来的损失也有所降低。

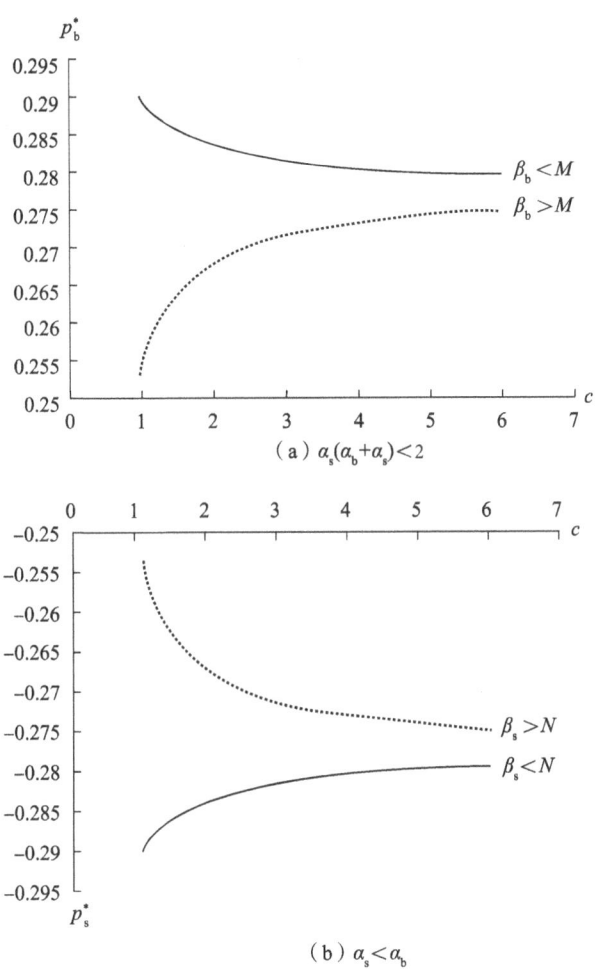

图 3.2　数字平台对双边用户的最优收费随边际投资成本的变化关系

在图 3.2（b）中，当 $\alpha_s < \alpha_b$ 且边际投资效用 β_s 小于其阈值 N 时，边际投资成本的增加给商户造成的损失将相对较小，因此，提高对商户的收费对平台将更有利。否则，当边际投资效用 β_s 大于其阈值 N 时，边际投资成本的增加将会使商户的效用出现较大幅度的减少，此时降低对商户的收费可以有效地避免商户的效用出现较

大幅度的下降，因此，对平台来说，降低对商户的收费将更有利。而且当商户数量下降的幅度较小时，顾客数量下降的幅度也相对较小。尽管平台降低对商户的收费会导致利润的降低，但用户数量的增加使得平台总体利润相对而言只出现了少量的下降，因此对平台更有利。

以上结果表明，当增值服务的边际投资成本增加到大于阈值 E 时，投资成本的继续增加对于能通过交叉网络外部性获得更多效用的用户或者能通过增值服务获得更多效用的用户将产生更大的影响，因为这些用户对于增值服务水平的降低更为敏感。对于更高的投资成本，因为投资水平的降低，用户效用和数量以及平台的利润都将出现一定程度的下降。然而，降低对较为不敏感的用户的收费并不一定能更有效地降低投资成本的增加所导致的损失。特别地，当双边用户的交叉网络外部性强度之间的差距较大时 [即 $\alpha_s > 2/(\alpha_s + \alpha_b) > 1 > \alpha_b$]，能通过交叉网络外部性获得较多效用的用户将会受到更大程度的影响，降低对较为不敏感的用户的收费只能在相对较小的幅度上提升此类用户的效用，这并不能有效地降低投资成本的增加给平台带来的损失。相反，增加对较为不敏感的用户的收费可以更好地避免平台利润出现较大的损失。

与平台对单边用户进行增值服务投资的情形相比，当平台的增值服务同时提升双边用户效用时，随着边际投资成本的增加，平台对双边用户的收费可能增加也可能降低。在对单边用户投资的情形中，边际投资成本的增加会导致平台对得到增值服务的用户降低收费，而对未得到增值服务的用户可能增加收费也可能降低收费。

3.3.3 增值服务投资前后比较分析

接下来讨论增值服务投资对数字平台最优收费策略的影响。为此，将平台在未进行增值服务投资时对双边用户的最优收费和进行增值服务投资后对双边用户的最优收费加以比较，结果如下。

命题 3.4 用 Δp_b、Δp_s 分别表示数字平台在进行增值服务投资前后对双边用户收费的变化量，那么：

(1) 当 $c \leqslant E$ 时：

① 如果 $\beta_s/\beta_b > (\alpha_b - \alpha_s)/[2 - \alpha_b(\alpha_b + \alpha_s)]$，则 $\Delta p_s > 0$；否则，$\Delta p_s < 0$。

② 如果 $\beta_b/\beta_s > (\alpha_s - \alpha_b)/[2 - \alpha_s(\alpha_s + \alpha_b)]$，则 $\Delta p_b > 0$；否则，$\Delta p_b < 0$。

(2) 当 $c > E$ 时：

① 如果 $\alpha_s(\alpha_s + \alpha_b) \geqslant 2$，则 $\Delta p_b < 0$。

② 如果 $\alpha_s(\alpha_s + \alpha_b) < 2$，则当 $\beta_b > M$ 时，$\Delta p_b < 0$；否则，$\Delta p_b > 0$。

③ 如果 $\alpha_s \geqslant \alpha_b$，则 $\Delta p_s > 0$。

④ 如果 $\alpha_s < \alpha_b$，那么当 $\beta_s > N$ 时，$\Delta p_s > 0$；否则，$\Delta p_s < 0$。

这一结论表明，在平台为用户提供增值服务之后，平台对用户的收费可能会降低。根据定理 3.1，当边际投资成本 c 小于或等于阈值 E 时，平台利用所有的资源进行增值服务投资，这将给用户带来效用上巨大幅度的提升。因此，边际投资效用便成为平台投资策略的决定性因素。所以，当为用户提供增值服务之后，平台将增加对通过增值服务获取更多效用的用户的收费。对于通过增值服务获得效用较少的用户，平台可降低对其收费，以增加用户数量，从而获得更多利润。

当边际投资成本 c 大于阈值 E 时，平台的最优投资水平降低，增值服务给用户带来的效用增加量也将随之减少。在这种情形下，双边用户的交叉网络外部性强度和边际投资效用都可能成为平台最优收费策略的决定因素。

正如之前的讨论，$\alpha_s(\alpha_s+\alpha_b) \geq 2$ 表明商户能获得较大的交叉网络效用，因此，降低对顾客收费，通过促进顾客数量的增加可以在很大程度上提升商户的数量。平台可以通过对商户收取一定的费用来获得更多的利润。此外，当 $\alpha_s(\alpha_s+\alpha_b) \geq 2$ 时，$\alpha_s \geq \alpha_b$，对于商户来说，其不仅能够因增值服务而获得效用上的提升，还能因交叉网络外部性得到更多的效用，因此，提升对商户的收费将更为有利。

相反，当 $\alpha_s(\alpha_s+\alpha_b) < 2$ 时，双边用户的交叉网络外部性强度 α_s 和 α_b 之间的差距较小，商户的数量并不能通过降低对顾客的收费而出现较大幅度的增加。然而，如果顾客的边际投资效用 β_b 大于边界值 M，那么，增值服务便能给顾客带来较大的效用增加量。在模型中，顾客在没有商户进入平台的情况下仍然能够获得初始效用。也就是说，在这种情况下，顾客进入平台所获得的总体效用较多。因此，促使更多的用户进入平台，从而使平台的增值服务投资惠及更多的用户将更为有利，而降低对顾客的收费正是促使平台整体用户数量增加的有效手段。否则，如果顾客的边际投资效用 β_b 小于边界值 M，那么增值服务仅有限地提升了顾客的效用，降低对顾客的收费并不能充分发挥增值服务对用户效用提升的作用。在这种情形下，因为平台为增值服务投资付出了一定的成本，所以增加对顾客的收费将更为有利。

如果 $\alpha_s < \alpha_b$，与 $\alpha_s \geq \alpha_b$ 的情形相比，商户因交叉网络外部性所获得的效用减少，但是，当其边际投资效用 β_s 大于阈值 N 时，平台增值服务可为商户带来较大的效用增加量，所以增加对商户的收费将更为有利。例如，在开发出新的支付方式之后，谷歌的安卓应用商店便增

加了对应用开发商的收费,开发商需将其收入的30%上缴给平台。而如果β_s小于阈值N,增值服务对商户贡献的效用增加量将变得较小。因为$\alpha_s < \alpha_b$,商户通过交叉网络外部性给顾客带来的效用较大,减少对商户的收费可促使顾客数量出现较大幅度的增加。尽管减少了对商户的收费,但当更多的商户和顾客进入平台时,平台便可获得更多的利润。

以上讨论揭示了平台在增值服务投资之后的另一个关于最优收费策略的规律,对于因交叉网络外部性获得较多效用的用户,增加其进入平台的费用并不一定对平台更为有利。相反,当其增值服务为该部分用户带来的效用大于一定值时,通过降低对该部分用户的收费来进一步促使用户效用的增加,从而扩大用户数量并使增值服务惠及更多的用户是更为有利的收费策略。不仅如此,用户数量的提升可以为另一边用户带来更多的效用,从而进一步促进整体用户数量的提升,为平台带来更高的利润。

3.4 小 结

本章研究了在投资资源总量的限制下,数字平台对于可同时扩大双边用户效用的增值服务的投资策略和定价策略;探讨了平台在增值服务投资之后对双边用户收费或者补贴的不同情形,并分析了平台对用户的最优收费策略关于边际投资成本的变化关系,以及增值服务对平台最优收费策略的影响。

研究结果表明,对于数字平台来说,在增值服务投资之后,如果双边用户的交叉网络外部性强度之间差距较大,那么交叉网络外部性将成为平台对用户收费策略的决定性因素；而如果双边用户的交叉网络外部性强度之间差距较小，则用户的边际投资效用或者增值服务的边际投资成本都可能成为平台最优收费策略的主导因素。一般来说，降低能够为另一边用户带来更多交叉网络效用的用户的收费，可以在总体上促进用户数量的提升并给平台带来更多的利润。然而，如果双边用户的交叉网络外部性强度之间差距较大，那么随着边际投资成本的不断增加，减少对该类用户的收费则更为有利。不仅如此，当平台投资增值服务之后，增加对因增值服务而获得更多效用的用户的收费并不一定能提高平台的利润，在一定的条件下，通过减少对该类用户的收费来促使其数量的增加，从而使增值服务惠及更多的此类用户反而是更为有利的收费策略。

第4章 存在同边负向网络外部性时增值服务的投资和定价策略

在一些数字平台中，单边用户内部可能会存在较强的负向网络外部性，对这部分用户进行增值服务投资可减少负向网络外部性对其产生的负面影响。例如，对于一些平台的商户来说，增值服务能够在一定程度上降低单个商户因商户总体数量的增加而产生的效用减少量。也就是说，商户内部存在负向网络外部性。考虑平台在增值服务投资时面临的投资资源的限制，本章将探讨当商户内部存在负向网络外部性时，平台对商户的增值服务投资策略。深入分析负向网络外部性对于平台增值服务投资水平和最优收费策略的影响，边际投资成本如何通过负向网络外部性影响平台的最优收费策略，以及单边用户群体内部的负向网络外部性和双边用户群体之间的交叉网络外部性对平台最优决策的影响。

4.1 问题的引出

在现代经济发展中，数字平台得到了越来越广泛的应用。对于大多数数字平台而言，进入平台的一边用户会因为另一边用户数量的增加而获得更多的效用，另一边用户数量的减少则会给该边用户带来效用上的损失（Belleflamme and Toulemonde，2009）。也就是说，数字平台的不同用户群体之间存在正向的交叉网络外部性。例如，当有更多的应用开发商入驻 Apple Store 时，移动用户便有了更多的选择，可以从更多的应用开发商所开发的应用中选择自己喜欢的应用。反过来，当选择使用 Apple Store 的移动用户数量增加时，对于应用开发商来说，其所能获得的潜在交易量便会增加，从而获得效用上的提升。类似地，对于其他类型的数字平台，如 eBay、Xbox 360 等，进入平台的双边用户数量都会对另一边用户产生效用上的正向影响。

除了数字平台不同用户群体间的交叉网络外部性，在单边用户内部还可能存在负向的组内网络外部性（Nocke，Peitz，and Stahl，2007；Rochet and Tirole，2002）。也就是说，当有更多的同类用户进入平台时，该用户群体内部单个用户的效用将会有所降低。这种现象在很多电子商务平台中都会存在。例如，对于京东或者天猫的商户来说，当有更多出售同类产品或者具有替代性的相似产品的商户入驻平台时，每个商户所能达成的潜在交易量便会下降；再如打车软件，在一个特定的区域内，使用该软件的司机越多，这些司机之间的竞争关系就越强，每个司机和乘客达成交易的可能性就越低。同样，当有更多的应用开发商入驻 Apple Store 时，如果提供相同或者类似功能应用的开发商越多，那么，每个开发商和单个移动用户之间达成交易的可能性就越低。因此，用户组内的负向网络外部性会给单个用户带来一定程度的损失，同类用户数量越多，单个用户效用的减少量就越大。

由于用户组内的负向网络外部性会给用户效用造成一定的损失，从而可能会减少进入平台的用户的数量，并降低平台的利润。为了减少负向网络外部性给平台带来的负面影响，平台可以通过对这部分用

第 4 章 存在同边负向网络外部性时增值服务的投资和定价策略

户进行增值服务上的投资，来提升对这部分用户的服务质量或者服务水平，以弥补用户效用的损失（Horn，Martin，and Mitchell，2002）。例如，电商平台的广告服务可以提升在线商家的知名度，并增加在线商家的交易量；在线应用商店可以通过对应用商店进行升级、提供更多的支付方式（Apple iOS 操作系统提供了 Apple Pay）为顾客支付提供便利，促进交易量的提升；一些银行卡支付平台（银联商务、信用卡组织）为合作商户提供数据挖掘和数据分析服务，为商户提供营销策略支持，提升商户的营销效率。

通过增值服务，用户的效用得到弥补，从而使进入平台的用户数量出现一定幅度的增加。然而，用户数量的增加又将不可避免地因为用户组内负向的网络外部性给用户效用带来额外的损失，从而削弱了增值服务所能发挥的作用。这两方面的影响使得平台增值服务投资决策变得很复杂。当增值服务投资水平较低时，不能有效地减少用户组内的负向网络外部性所带来的负面影响；而高水平的增值服务投资虽然可以更好地弥补用户组内的负向网络外部性给用户效用造成的损失，但与此同时，用户效用增加所导致的用户数量的提升又会因负向网络外部性在一定程度上降低用户效用，从而减少增值服务投资所带来的好处。因此，对于单边用户内部存在负向网络外部性的数字平台，进行增值服务投资时尤为重要的问题是，在面对用户组内的负向网络外部性时，在何种水平上进行增值服务投资可以最有效地弥补用户效用的损失而又不会使增值服务自身的作用受到较大程度的削弱，从而为平台带来更多的利润。

除了数字平台增值服务投资水平，平台对双边用户的收费同样是影响用户效用的决定性因素，且平台对一边用户的收费又会因交叉网络外部性而影响另一边用户的效用，从而影响平台对另一边用户的收费。也就是说，双边用户之间的交叉网络外部性和单边用户组内的负向网络外部性会同时对平台增值服务投资策略和对双边用户的收费策略产生影响。与此同时，平台可用于增值服务的投资资源往往是有限的。例如，对于平台企业来说，对一项工程的预算可能是一定的，为用户开发增值服务的人力资源总量可能也是有限的，或者可用于完成一项工程的时间是一定的。因此，如何利用有限的投资资源为群体内部存在负向网络外部性的用户进行增值服务投资来降低负向网络外部性给用户效用带来的损失，以及在增值服务投资之后如何对双边用户收费是非常值得探讨的问题。

4.2 问题描述

与第 3 章类似，将平台的双边用户分别视为顾客（b）和商户（s），根据 Hagiu 和 Spulber（2013）的研究，假定顾客和商户都在 [0，1] 上服从均匀分布。平台对双边用户进入平台所收取的费用为 $p_i(i=\text{b},\text{s})$。参照 Belleflamme 和 Peitz（2010）、Hagiu 和 Hałaburda（2014）等的做法，为描述数字平台正向的交叉网络外部性，假设每个进入平台的用户通过每个进入平台的另一边的用户处得到的效用为 $\lambda_i(i=\text{b},\text{s})$，并假设 $\sum \lambda_i < 2$。同时，参照 Li 等（2011）的研究，为描述商户内部所存在的负向网络外部性，假设当单个商户新加入平台时，进入平台的每个商户的效用损失为 β_s。

在平台的任意一边，将单边用户群体内的用户视为异质性的。顾客在没有商户进入平台的情形下进入平台时，通过使用平台所提供的基础服务而获得的效用为 v_k，该效用大小对于每个顾客来说是各不相同的（Rochet and Tirole，2006）。对于商户来说，每个商户进入平台向顾客提供产品或者服务所需付出的成本f_m也是各不相同的(Anderson, Parker, and Tan, 2013)。为了分析简便,参照现有研究(Anderson and Coate, 2005; Armstrong, 2006; Armstrong and Wright, 2007; Anderson, Parker, and Tan, 2013)的做法,假设v_k和f_m都是在区间[0, 1]上均匀分布的变量。用$n_i(i=b, s)$表示进入平台的双边用户的数量,那么,进入平台的顾客和商户的效用分别为

$$u_b = v_k + \lambda_b n_s - p_b \tag{4.1}$$

$$u_s = \lambda_s n_b - \beta_s n_s - p_s - f_m \tag{4.2}$$

式中,$\lambda_i n_j$ ($i, j=b, s; i \neq j$)表示用户因交叉网络外部性而得到的效用;$\beta_s n_s$表示商户因其内部存在的负向网络外部性而损失的效用。这里,λ_i和β_s可分别视为边际交叉网络外部性强度和边际组内负向网络外部性强度。

在所考虑的问题中,参与博弈的分别为平台和双边用户。博弈过程分为两个阶段:首先,平台向市场宣布其对商户进行增值服务投资的水平x(Hagiu and Spulber, 2013),以及在投资增值服务之后对双边用户收取的费用p_i ($i=b, s$)(Armstrong, 2006)。然后,双边用户根据x、p_i,以及对其他用户是否进入平台的判断,决定自己是否进入平台。假设对于商户来说,单位增值服务投资为其带来的效用增加量为φ,即用户的边际投资效用为φ,在平台为商户提供增值服务之后,商户进入平台的效用为

$$u_s = \lambda_s n_b - \beta_s n_s + \varphi x - p_s - f_m \tag{4.3}$$

在平台对商户进行增值服务投资之后,用户在其进入平台所得到的总效用大于或等于零时进入平台,即在式(4.1)和式(4.3)中,$u_b \geq 0$,$u_s \geq 0$。也就是说,当顾客进入平台的初始效用$v_k \geq p_b - \lambda_b n_s$时,顾客进入平台;当商户通过平台向顾客提供产品或者服务的成本$f_m \leq \lambda_s n_b - \beta_s n_s + \varphi x - p_s$时,商户进入平台。用$\bar{v}_k$和$\bar{f}_m$分别表示使得

顾客和商户进入与不进入平台无差异的初始效用和成本，因 $\bar{v}_k$ 和 $\bar{f}_m$ 都是在 [0，1] 上均匀分布的变量，进入平台的顾客和商户的比例分别为 $1-\bar{v}_k$ 和 $\bar{f}_m$。因为最大潜在用户的数量为 1，故进入平台的双边用户数量分别为

$$n_b = 1 + \lambda_b n_s - p_b \tag{4.4}$$

$$n_s = \lambda_s n_b - \beta_s n_s + \varphi x - p_s \tag{4.5}$$

根据式（4.4）和式（4.5）的用户数量，平台通过确定最优投资水平 x 和对双边用户的最优收费 p_i 来最大化其利润。假设当平台对商户的投资水平为 x 时，消耗的投资成本为 $cx^2/2$，那么平台的目标函数为

$$\max \Pi(p_b, p_s, x) = p_b n_b + p_s n_s - cx^2/2$$
$$\text{s.t.} \ 0 \leqslant x \leqslant z \tag{4.6}$$

式中，z 表示平台可用于增值服务投资的资源总量。与第 3 章类似，不失一般性地，假设单位投资资源可以使平台得到单位水平的增值服务投资。

4.3 主要结果

4.3.1 最优增值服务投资策略

通过将式（4.4）和式（4.5）代入数字平台的目标函数式（4.6）并对目标函数进行优化，可以得到以下结论。

定理 4.1 令 $D = 4(1+\beta_s) - (\lambda_b + \lambda_s)^2$，$\bar{c} = [(\lambda_b + \lambda_s) + 2z\varphi]\varphi/(zD)$，数字平台的最优增值服务投资策略和对用户的收费策略

第4章 存在同边负向网络外部性时增值服务的投资和定价策略

见表4.1。

表4.1 数字平台的最优增值服务投资策略和对用户的收费策略

边际投资成本	最优增值服务投资水平	对双边用户的最优收费
$c \leqslant \bar{c}$	$x^* = z$	$p_b^* = [2(1+\beta_s) - \lambda_s(\lambda_b + \lambda_s) - \varphi z(\lambda_s - \lambda_b)]/D$
		$p_s^* = \{\varphi z[2(1+\beta_s) - \lambda_b(\lambda_b + \lambda_s)] - (1+\beta_s)(\lambda_b - \lambda_s)\}/D$
$c > \bar{c}$	$x^* = (\lambda_b + \lambda_s)\varphi/(cD - 2\varphi^2)$	$p_b^* = \{c[2(1+\beta_s) - \lambda_s(\lambda_b + \lambda_s)] - \varphi^2\}/(cD - 2\varphi^2)$
		$p_s^* = [c(1+\beta_s)(\lambda_s - \lambda_b) + \lambda_b\varphi^2]/(cD - 2\varphi^2)$

定理4.1表明，当平台对商户进行增值服务投资的边际成本小于或等于边界值 $\bar{c}$ 时，最优投资水平将在利用所有的投资资源时达到，也就是说，此时进行最高水平的投资对平台来说最优。当平台对商户进行增值服务投资的边际成本大于边界值 $\bar{c}$ 时，最优投资策略是利用部分资源进行投资。在这两种不同的情形下，商户内部负向的网络外部性同时影响平台制定对双边用户的收费策略。

当增值服务的边际投资系数较小时（$c \leqslant \bar{c}$），平台对商户进行增值服务投资只需付出少量的成本，这样一来，平台能够进行较大程度的投资来使商户的效用得到提升，并促进商户数量的增加。尽管商户数量的增加会因为商户群组内部的负向网络外部性而使单个商户的效用受到一定程度的损失，但是由于商户因增值服务得到的效用提升幅度较大，商户数量增加所导致的损失此时相对较少。总体而言，商户效用的增加量仍然较大，商户数量有很大幅度的提升，所以高水平的投资此时对于平台是更有利的。另外，因为双边用户之间存在正向的交叉网络外部性，商户数量的增加将促进顾客效用的增加，从而促使更多的顾客加入平台。因此，平台的增值服务投资水平越高，进入平台的商户和顾客将越多，为平台带来的利润就越大。当平台的投资水平最高时，其利润达到最大。当增值服务的边际投资成本较高时（$c > \bar{c}$），提高增值服务的投资水平需要平台付出较大的投资成本，因此，适当降低投资水平将是更有利的投资策略，所以平台将利用部分资源进行增值服务投资，当投资成本增加时，应降低平台的投资水平。

根据定理4.1，可以得到最优均衡解关于商户内部负向网络外部性的变化关系。

推论4.1 根据上述均衡解，可得到以下结论：

(1) $\partial n_s^*/\partial \beta_s < 0$，$\partial n_b^*/\partial \beta_s < 0$ 且 $\partial \Pi^*/\partial \beta_s < 0$，其中，$n_s^*$、$n_b^*$ 和 Π^* 分别是进入平台的商户的数量、顾客的数量以及平台的最优利润。

(2) 当 $c > \bar{c}$ 时，$\partial x^*/\partial \lambda_i > 0$ ($i = b, s$) 且 $\partial x^*/\partial \beta_s < 0$。

(3) $\partial \bar{c}/\partial \lambda_i > 0$ ($i = b, s$)。

上述结果表明，当商户内部负向的网络外部性强度增加时，进入平台的最优用户数量和平台的最优利润都将随之降低。当负向的网络外部性更强时，每个新进入平台的商户给其他商户带来的效用上的损失将更大，这样一来，商户的数量将会有所减少。由于交叉网络外部性的存在，商户数量的减少同时会导致顾客数量的减少。这样，进入平台的总体用户数量将更少，从而降低了平台的利润。

当增值服务的边际投资成本 c 大于其边界值 $\bar{c}$ 时，两种不同的网络外部性对平台的最优投资策略将产生不同的影响。具体而言，当交叉网络外部性更强时，平台的最优投资水平将随之提高；而当商户内部负向的网络外部性更强时，平台的最优投资水平将随之降低。

尽管商户内部的负向网络外部性会削弱增值服务投资的作用，但增值服务总体上还是会提升商户的效用并使得商户的数量有所增加。当交叉网络外部性更强时，每个新增加的商户将会给顾客带来更多的效用，从而在更大程度上促进了顾客数量的增加。因此，增值服务的投资水平越高，对平台越有利。然而，当商户内部的负向网络外部性增强时，提升增值服务的投资水平并不能给平台带来更多的利润。直

第4章 存在同边负向网络外部性时增值服务的投资和定价策略

观上，更高水平的增值服务投资可为商户带来更多的效用，从而提升商户的数量。但是，当商户内部的负向网络外部性更强时，更高水平的投资却使得每个新进入平台的商户给其他商户带来的负面影响更大，商户效用的减少量更大，增加增值服务投资给平台带来的好处减少。与此同时，更高水平的增值服务又需要平台付出更多的投资成本。因此，减少对商户的增值服务投资将更为有利。

除此之外，当双边用户之间的交叉网络外部性强度增加时，平台由进行最高水平的增值服务投资转为减少投资的边际投资成本的边界值 $\bar{c}$ 将增大。交叉网络外部性更强时，增值服务带来的商户数量的增加将促使顾客数量有更大程度的增加，这样一来，平台增加投资可以增加用户数量。因此，当面对更高的投资成本时，平台仍可以进行最大程度的投资，从而尽可能多地吸引用户进入平台，提升自身利润。

4.3.2 增值服务投资前后比较分析

在所研究的问题中，当没有对商户进行增值服务投资时，平台为双边用户提供基本服务，并通过对双边用户采用适当的定价策略来获取一定的利润。通过对平台在不进行增值服务投资时的利润目标函数的优化，可以得到没有增值服务时，平台对双边用户的最优收费策略。将平台此时的最优收费策略和平台对商户进行增值服务投资之后的最优收费策略进行比较，可以得到进行增值服务投资前后，平台对双边用户收费策略的变化，结果如下。

命题4.1 分别用 Δp_b^*、Δp_s^* 表示增值服务投资前后数字平台对顾客和商户收费的变化量，那么：

（1）当 $\lambda_b \geq \lambda_s$ 时，$\Delta p_b^* \geq 0$；否则，$\Delta p_b^* < 0$。

(2) 当 $\beta_s \geq \lambda_b(\lambda_b + \lambda_s)/2 - 1$ 时，$\Delta p_s^* \geq 0$；否则，$\Delta p_s^* < 0$。

(3) 当 $(\lambda_b - \lambda_s) \geq 2(1 + \beta_s) - \lambda_b(\lambda_b + \lambda_s) > 0$ 时，$\Delta p_b^* \geq \Delta p_s^* > 0$。

上述结果表明，进行增值服务投资之后，平台对任何一边用户的收费可能增加也可能减少，商户内部负向的网络外部性不影响平台对顾客收费的变化，且当平台对双边用户的收费都增加时，尽管平台为商户提供增值服务，平台对顾客收费增加的程度可能会比对商户收费增加的程度更大。

当 $\lambda_b \geq \lambda_s$ 时，交叉网络外部性可为进入平台的顾客带来更多的效用。当平台为商户提供增值服务时，商户效用得到提升，因而进入平台的商户数量有所增加。由于交叉网络外部性的存在，商户数量的增加间接地为进入平台的顾客带来了更多的好处。也就是说，加上顾客进入平台时所能获得的初始效用，平台为顾客创造了非常大的价值。因此，平台在对商户提供增值服务之后会增加对顾客收取的费用。相反，当 $\lambda_b < \lambda_s$ 时，顾客能为进入平台的商户带来更大的效用，因此能够吸引更多的商户进入平台。此时，降低对顾客的收费可增加进入平台的顾客数量，通过交叉网络外部性，顾客数量的增加又将吸引更多的商户进入平台。尽管平台对顾客的收费有所降低，但顾客数量和商户数量都有所增加，因此平台能够获取更多的利润。

平台为商户提供增值服务之后，商户的效用得到提升，因而商户数量也将增加。然而，商户群组内部所存在的负向网络外部性又会在一定程度上降低单个商户的总效用。但在负向网络外部性较强时 [即 $\beta_s \geq \lambda_b(\lambda_b + \lambda_s)/2 - 1$]，商户数量的增加会给单个商户的总效用带来较大程度的降低。此时，增加对商户的收费可以在一定程度上降低商户的效用，从而减少进入平台的商户数量。如此一来，商户数量减少之后，负向网络外部性给单个商户带来的效用损失便有所降低，平台因商户内部负向网络外部性的增强而受到的损失便会有所减少。例如，当谷歌的安卓应用市场推出新的支付方式时,安卓应用商店增加了对应用开发商的收费,规定应用开发商需向平台上缴其交易收入的30%。当商户内部的负向交叉网络外部性强度较低时[即$\beta_s < \lambda_b(\lambda_b + \lambda_s)/2 - 1$],商户数量的增加并不会给单个商户的总效用造成较大程度的损失,平台可以通过减少对商户的收费来促进商户效用的增加,从而扩大商户的规模。此时,因为负向网络外部性强度较低,商户规模的扩大给平台造成的损失将小于其给平台带来的利润增加量。故总体上,商户数量增加对平台更有利。

正如以上的讨论,对商户的增值服务投资可能会导致平台增加对双边用户的收费。特别地,当$(\lambda_b - \lambda_s) \geqslant 2(1 + \beta_s) - \lambda_b(\lambda_b + \lambda_s) > 0$时,交叉网络外部性给顾客带来的效用将非常大,也就是说,平台对商户的增值服务投资实际上间接地为顾客创造了更多的价值。因此,与商户相比,平台可能会更大程度地增加对顾客的收费。

4.3.3 最优收费策略的灵敏度分析

现实生活中,在不同的情形下,数字平台单边用户内部的负向网络外部性强度可能会有所不同。以打车软件为例,当在同一区域内有更多的出租车时,从总体上而言,出租车司机之间就会面临更激烈的竞争,每个司机和乘客达成交易的可能性就会更低。同样,假如Apple Store中出售的应用具有更高的相似程度时,单个应用开发商出售自己产品的成功率就会随之下降。那么,针对单边用户内部不同强度的交叉网络外部性,平台对用户的收费策略将会如何变化?为了探讨不同强度的交叉网络外部性对平台收费策略的影响,我们做了一些灵敏度分析,结果如下。

命题4.2 令$[(\lambda_b + \lambda_s) + 2z\varphi]\varphi/(zD) = E, 2\varphi^2/(\lambda_b^2 - \lambda_s^2) = F$,

那么：

(1) 当 $\lambda_s > \lambda_b$ 时，$\partial p_b^*/\partial \beta_s > 0$ 且 $\partial p_s^*/\partial \beta_s < 0$。

(2) 当 $\lambda_s < \lambda_b$ 时，$\partial p_b^*/\partial \beta_s < 0$，如果 $c < E$，则 $\partial p_s^*/\partial \beta_s > 0$；如果 $E \leqslant c < F$，则 $\partial p_s^*/\partial \beta_s < 0$；如果 $c > F$，则 $\partial p_s^*/\partial \beta_s > 0$。

当商户内部负向的网络外部性更强时，平台对双边用户的收费可能提高也可能降低。其负向的网络外部性对平台最优收费策略的影响还与双边用户之间的交叉网络外部性相对强度，以及平台增值服务投资成本相关。

直观上，当 $\lambda_s > \lambda_b$ 时，对顾客收取更少的费用可以在更大程度上吸引商户进入平台。然而，分析结果显示，这种情形下增加对顾客的收费反而更为有利。在增值服务提升商户效用的前提下，减少对顾客的收费将通过交叉网络外部性促使商户数量进一步增加。当商户内部负向的网络外部性强度 β_s 增加时，单个商户的总效用将出现更大幅度的减少，这又将在一定程度上减少商户的数量，从而对平台不利。相反，通过增加对顾客的收费来减少顾客的数量，从而间接地减少商户的数量，才能降低负向网络外部性强度增加给单个商户造成的效用损失。此时，虽然用户数量在总体上有所减少，但商户效用减少的幅度下降，总体来说反而更为有利。与此同时，商户内部负向的网络外部性强度 β_s 的增加减少了单个商户的效用，降低对商户的收费则可以弥补单个商户效用的减少，从而阻止了商户数量出现更大幅度的减少。例如，在 2012 年，腾讯开放平台为了支持更多的开发商，调整了其对开发商的收费策略，规定如果开发商的收入高于 10 万元（或 100 万元）且低于 100 万元（或 1000 万元），那么腾讯开放平台对开发商的收费将由 70% 降低到 30%（或 50%）。当 $\lambda_s < \lambda_b$ 时，如果商户内部负向的网络外部性强度 β_s 增加，那么商户效用降低所导致的商户数量减少将通过交叉网络外部性在更大的程度上降低顾客的效用，从而使

第4章 存在同边负向网络外部性时增值服务的投资和定价策略

顾客数量出现更大幅度的减少。因此，平台需要减少对顾客收费，以弥补商户内部负向网络外部性的增强给顾客效用造成的损失，从而避免顾客数量出现较大幅度的减少。

对于商户，当增值服务的边际投资成本较低时（$c<E$），增值服务投资达到最高水平，商户可通过增值服务获得较大的效用提升。但此时更强的负向网络外部性会更多地削弱增值服务的价值。因此，为了减少更强的负向网络外部性所带来的负面影响，平台可以通过增加对商户的收费来减少商户的数量，从而减轻负向网络外部性所造成的损失。尽管增加对商户的收费会减少进入平台的商户数量，但商户数量的减少所导致的平台利润的减少量将小于负向网络外部性强度增加最终给平台造成的利润损失。所以，当负向网络外部性更强时，增加对商户的收费更为有利。当增值服务的边际投资成本增加时（$E \leqslant c<F$），平台的投资水平将会有所降低。但此时投资成本仍处于较低的水平，当负向网络外部性增强时，商户效用的减少量仍然相对较小。故当 $\lambda_s<\lambda_b$ 时，平台可降低对商户的收费，以此扩大商户的数量，从而促进顾客数量的增加并获取更多利润。当增值服务投资的边际成本提升到非常高的水平时（$c>F$），增值服务投资需要消耗大量的成本，以至于平台的最优增值服务投资下降到非常低的水平，增值服务投资仅能够给商户效用和商户数量带来较小的增加量。不仅如此，负向网络外部性的增强又将进一步促进商户效用的降低。因此，增加对商户的收费不仅可以弥补投资成本升高给平台带来的损失，还可以减少商户的数量，从而避免更强的负向网络外部性给商户造成的效用损失。

除了商户内部负向的网络外部性，平台对商户增值服务投资的边际成本也是决定平台最优投资策略和收费策略的重要因素。同样，为探讨平台增值服务边际投资成本对平台最优收费策略的影响，我们做了另外一些灵敏度分析，结果如下。

命题 4.3 当 $c \geqslant [(\lambda_b + \lambda_s) + 2z\varphi]\varphi/(zD)$ 时，以下结论成立：

(1) 当 $\lambda_s > \lambda_b$ 时，$\partial p_b^*/\partial c > 0$；否则，$\partial p_b^*/\partial c < 0$。

(2) 当 $\lambda_b(\lambda_b + \lambda_s) > 2(1 + \beta_s)$ 时，$\partial p_s^*/\partial c > 0$；否则，$\partial p_s^*/\partial c < 0$。

与商户内部负向的网络外部性对平台最优收费策略的影响相似，这一结论说明，当平台对商户进行增值服务投资的边际成本升高时，平台对任意一边用户的收费可能降低也可能升高。

接下来通过数值模拟进一步说明该结论。在讨论平台对顾客收费的变化时，将初始参数的值分别设置为：$\beta_s = 0.3$，$\varphi = 0.5$，$z = 0.8$。当 $\lambda_s > \lambda_b$ 时，设 $\lambda_b = 0.4$，$\lambda_s = 0.6$；反之，设 $\lambda_s = 0.4$，$\lambda_b = 0.6$。随着边际投资成本的增加，数字平台对顾客收费的变化如图 4.1 所示，图中 $\bar{c} = [(\lambda_b + \lambda_s) + 2z\varphi]\varphi/(zD) = 0.2679$。

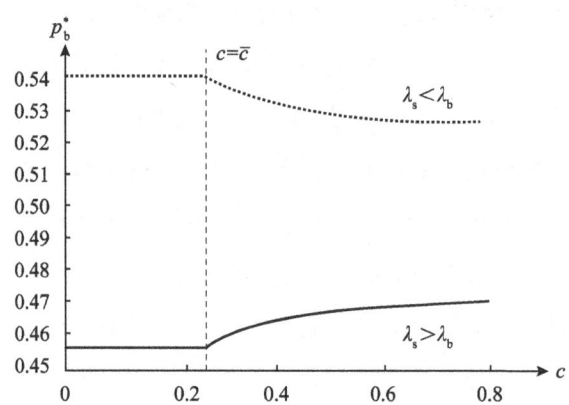

图 4.1 数字平台对顾客的收费随边际投资成本的变化关系

在讨论平台对商户收费的变化时，针对 $\lambda_b(\lambda_b + \lambda_s) > 2(1 + \beta_s)$ 和 $\lambda_b(\lambda_b + \lambda_s) < 2(1 + \beta_s)$ 两种情况，分别设置不同的参数。$\lambda_b(\lambda_b + \lambda_s) > 2(1 + \beta_s)$ 情形中参数的设置和上述数值模拟的参数相同；对于 $\lambda_b(\lambda_b + \lambda_s) < 2(1 + \beta_s)$ 的情形，将参数设置为 $\beta_s = 0.04$，$\varphi = 0.5$，$z = 0.8$，当 $\lambda_s < \lambda_b$ 时，设 $\lambda_b = 1.1$，$\lambda_s = 0.8$。两种情形下，数字平台对商户的

收费随边际投资成本的变化如图 4.2 所示。

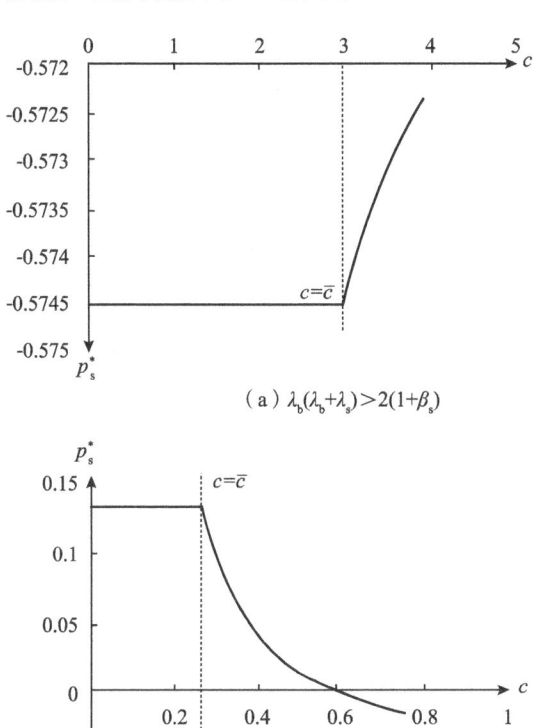

图 4.2 数字平台对商户的收费随边际投资成本的变化关系

当提供增值服务需要消耗更高的成本时，平台会降低投资水平。当 $\lambda_s > \lambda_b$ 时，平台对商户增值服务投资水平的降低对顾客的影响较小，此时可通过适当提升对顾客的收费来弥补投资成本的升高给平台造成的损失。当 $\lambda_s < \lambda_b$ 时，因为交叉网络外部性的影响，平台降低增值服务投资水平所造成的商户效用和数量的降低将会给顾客的效用造成更大幅度的降低。因此，降低对顾客的收费可避免其效用受到更大程度的影响，从而避免顾客数量的急剧下降，因此对平台更为有利。

对商户而言,当 $\lambda_b(\lambda_b + \lambda_s) > 2(1 + \beta_s)$ 时,可以得到 $\beta_s < [\lambda_b(\lambda_b + \lambda_s) - 2]/2$。也就是说,商户内部的负向网络外部性强度相对较低,负向网络外部性给商户造成的影响较小。因此,当最优投资水平因为投资成本的升高而降低时,平台实际上受到了更大的影响,其利润会出现更大幅度的降低。因此,增加对商户的收费可适当弥补利润上的损失。反过来,当 $\beta_s > [\lambda_b(\lambda_b + \lambda_s) - 2]/2$ 时,负向网络外部性对商户的影响相对较大。当投资水平降低时,商户实际上受到的影响较小,平台此时无须通过提升对商户的收费来弥补其利润上的损失。相反,通过降低对商户的收费来促进整体用户数量的增加,可以更有效地减少投资成本的增加给平台造成的利润损失。

4.4 小 结

本章探讨了当商户内部存在负向网络外部性时,在面对投资资源限制的情形下,数字平台如何通过对商户进行增值服务投资来减少负向网络外部性给商户带来的负面影响。在最优均衡解的基础上,探讨了平台最优投资水平和对双边用户最优收费策略的一些性质。研究表明,商户内部的负向网络外部性是平台最优收费策略的决定因素,但其只在增值服务边际投资成本大于一定的阈值时才会影响平台的最优投资水平,且负向网络外部性强度的增加会导致平台增值服务投资水平的降低。

商户内部的负向网络外部性会降低商户的效用,如果平台因该负向网络外部性受到的损失较为严重,可以通过降低对商户增值服务的

第4章 存在同边负向网络外部性时增值服务的投资和定价策略

投资水平或者增加对用户的收费来减少商户的数量,从而减少负向网络外部性造成的损失。相反,如果负向网络外部性较弱,那么商户数量的增加将不会导致其效用出现较大幅度的降低。此时,减少对商户的收费则可以增加商户的效用并导致商户数量的提升,更多的商户可以给平台带来更多的利润,从而减少负向网络外部性对平台的影响。然而,当投资成本增加导致平台最优投资水平降低时,如果商户内部负向网络外部性强度较低,那么投资成本的增加实际上会给平台造成较大的损失。此时,提升对商户的收费可以弥补平台利润的损失。而当商户内部负向网络外部性强度较高时,平台增值服务投资成本的降低实际上对平台的影响较小。此时,降低对商户的收费,从而提升商户的数量对平台更为有利,平台能够更有效地减少因投资成本增加所导致的损失。

平台对商户进行增值服务投资之后,如果增值服务通过交叉网络外部性间接地为顾客创造了更高的价值,那么,平台在投资之后会提升对顾客的收费。而如果顾客能为商户带来更多的效用,则能够吸引更多的商户进入平台,进行增值服务投资之后,平台降低对顾客的收费可有效地促进整体用户数量的增加,给平台带来更高的利润。此外,如果因增值服务投资的成本升高,或者商户内部负向网络外部性有所增强而导致商户的效用降低,那么当顾客受到的间接影响较小时,可以提升对顾客的收费,从而在一定程度上弥补平台所受到的影响。如果顾客因增值服务投资水平的降低,或者商户内部负向网络外部性的增强而间接受到更为严重的影响,那么平台需要通过降低对顾客的收费来避免其数量出现急剧减少,从而减少顾客受到的影响。

第 5 章 用户先后进入数字平台时考虑负向网络外部性的增值服务投资和定价策略

现实中,一些数字平台通常需要先吸引一方用户进入平台,然后再吸引另一方用户进入平台。例如视频游戏平台,运营者需要先让游戏开发商进入平台,再去吸引游戏玩家(Hagiu and Spulber, 2013);一些搜索平台需要先吸引用户然后再吸引广告商入驻。在这类平台中,单边用户内部仍可能存在负向网络外部性,对这部分用户进行增值服务投资可减少负向网络外部性对其产生的负面影响。那么,如果双边用户按先后顺序进入平台,平台应当如何对群体内部存在负向网络外部性的用户进行增值服务投资?如何通过制定最优收费策略来减少负向网络外部性给用户和平台带来的损失?本章将通过建立用户先后进入平台的模型,对以上问题进行研究和讨论。

第5章 用户先后进入数字平台时考虑负向网络外部性的增值服务投资和定价策略

5.1 问题的引出

数字平台的网络外部性包括单边用户内部的网络外部性和双边用户群体之间的网络外部性。大多数数字平台的交叉网络外部性都是正向的。例如电商平台，如果进入平台的商户较多，那么顾客进入平台就有更多的选择，顾客进入平台的效用就更大；再如一些社交平台，如果单个用户周围有更多的人在使用同一个社交平台，那么该用户就能更方便地联系到周围的人，从而可获得更大的效用。然而，一些数字平台的单边用户群体内部可能会存在负向的网络外部性。例如，进入某个找货平台的同一类型的司机越多，这些司机与同一货源拥有者达成交易的可能性就越低，司机进入该平台的效用就越少；类似地，打车的用户发布需求信息之后，如果同一区域内的出租车较多，那么每个出租车司机能够成功接单的概率就较低。也就是说，进入某个平台的同一类用户的数量越多，该类用户中每一个用户进入平台能够获得的效用便越少，即平台某一边用户内部的网络外部性是负向的。

现实中，一些平台为了提高用户进入平台的效用，会对用户增值服务进行一定的投资，以提供更好的服务给用户，在一定程度上减少负向网络外部性给用户造成的损失。例如，一些手机的应用商店或者主题商店会不断进行更新升级，包括增加支付方式等，以此给用户带来更好的体验和更加便捷的操作；再如，一些找货平台在升级服务之后可以根据司机的具体信息提供货源推送，或者一些电商平台根据顾客浏览记录或者消费偏好将一些商家的产品向顾客推送。

然而，对于上述存在负向的单边网络外部性的平台，虽然通过投资向用户提供更高质量的服务能够增加用户进入平台的效用，进而扩大进入平台的用户规模，但另一方面，同类用户越多，每个用户的总体效用又会因负向的网络外部性而出现一定程度的降低，这又将削弱平台通过对用户服务进行投资所得到的获利能力。与此同时，在现实情况中，平台在对用户服务投资时，通常会面临投资资源总量的限制，例如，在一定时间内，平台可支配的用于开发更高质量服务的人力资源是有限的；或者在一定时期内，可以用于投资的资金也是有限的。

综合以上因素，当平台面对投资资源限制，而进入平台的单边用户之间存在负向的网络外部性且双边用户先后进入平台时，如果平台对存在负向网络外部性的用户群体进行服务投资，那么，平台应当如何利用有限的资源？又应当如何对双边用户收取费用才能获得更高的利润呢？

5.2　问题描述

假设进入平台的两个用户群体为顾客和商户。平台一边用户数量的增加将对另一边用户产生正向的影响，即交叉网络外部性为正；而商户内部的网络外部性为负，商户的数量越多，每个商户和顾客达成交易的概率就越低，即平台单边用户群体内部存在负向的网络外部性。当双边用户同时进入平台时，若平台不对商户服务进行投资，则双边用户进入平台能够得到的效用分别为

$$u_b = v + \lambda_b n_s - p_b \tag{5.1}$$

$$u_s = \lambda_s n_b - \beta_s n_s - p_s - f \tag{5.2}$$

式中，v 代表顾客进入平台能够得到的初始效用；f 代表每个进入平台

的商户需要付出的成本，假设 v、f 分别服从 [0，1] 上的均匀分布（Edward et al.，2013），即双边用户都是异质的；λ_i（i = b，s；$\lambda_i > 0$，$\sum \lambda_i < 2$）表示交叉网络外部性强度（Belleflamme and Peitz，2010；Hagiu and Hałaburda，2014）；β_s 表示商户内部负向的网络外部性的强度（Li，Chai，and Liu，2011）；p_i（i = b，s）表示平台对双边用户收取的费用；n_i（i = b，s）表示进入平台双边用户的数量，假设其在 [0，1] 上均匀分布（Hagiu and Spulber，2013）。

当平台选择对商户服务进行投资时，假设投资量为 x，且单位投资给用户带来的效用增加量为 φ（Hagiu and Spulber，2013），那么商户在获得服务投资后的效用为

$$u_s = \lambda_s n_b - \beta_s n_s + \varphi x - p_s - f \tag{5.3}$$

假设平台对商户服务进行投资的投资量为 x 时所需的成本为 $cx^2/2$（Hagiu and Spulber，2013），平台可用于投资的资源总量为 z，那么平台的利润函数为

$$\max \Pi(p_b, p_s, x) = p_b n_b + p_s n_s - cx^2/2 \tag{5.4}$$
$$\text{s. t. } x \geq 0, x \leq z$$

5.3 主要结果

假设在这种情形下，平台先决定对商户的投资量和对商户进入平台所收取的费用，商户根据平台的投资和对其收取的费用来决定自己是否进入平台；然后，平台在商户做出决策之后，决定对顾客所收取的费用，顾客在了解商户进入平台决策的基础上，并根据平台对顾客

的收费来决定自己是否进入平台。现实中，平台先后决定对用户收费的例子有很多，如游戏对战平台会在项目启动之前宣布平台的售价（Hagiu，2006；Evans et al.，2006），还有一些平台在投入运营之前会宣布对顾客免费服务（Hagiu et al.，2012）等。

根据式（5.2），令 $u_s = 0$，可得到当平台对商户进行服务投资之后，进入平台的商户数量为

$$n_s = \lambda_s n_b - \beta_s n_s + \varphi x - p_s \tag{5.5}$$

再根据式（5.1），令 $u_b = 0$，可得进入平台的顾客数量为

$$n_b = 1 + \lambda_b n_s - p_b \tag{5.6}$$

平台在根据商户进入平台的决策来决定对顾客的收费策略时，应满足以下条件：

$$p_b(n_s) = \mathop{\mathrm{argmax}}_{p_b}\{p_b(n_s)[1 + \lambda_b n_s - p_b(n_s)]\}$$
$$= (1 + \lambda_b n_s)/2$$

因此，顾客数量可表示为

$$n_b(n_s) = p_b(n_s) = (1 + \lambda_b n_s)/2 \tag{5.7}$$

$$p_s = \lambda_s n_b + \varphi x - (1 + \beta) n_s \tag{5.8}$$

将式（5.7）和式（5.8）代入式（5.4），可将平台的利润函数变换为

$$\max \Pi(n_s, x) = [(1 + \lambda_b n_s)/2]^2 + [\lambda_s(1 + \lambda_b n_s)/2 + \varphi x - (1 + \beta_s) n_s] n_s - cx^2/2 \tag{5.9}$$
$$\text{s.t.} \ x \geq 0, x \leq z$$

通过对式（5.9）求解，可得到当商户内部存在负向的网络外部性时，若商户先进入平台，顾客根据商户的决策后进入平台，平台对商户的最优投资和对双边用户的收费策略为：

定理5.1 令 $\mathscr{R} = 4(1 + \beta_s) - 2\lambda_b \lambda_s - \lambda_b^2$，则数字平台的最优投资策略和定价策略分别为：

(1) 当 $c \leq [\varphi(\lambda_b + \lambda_s) + 2z\varphi^2]/(z\mathscr{R})$ 时,

$$x^* = z$$

$$p_b^* = [4(1 + \beta_s) - \lambda_b\lambda_s + 2\varphi z\lambda_b]/(2\mathscr{R})$$

$$p_s^* = \{2(1 + \beta_s)(\lambda_s - \lambda_b) - \lambda_b\lambda_s^2 + 2\varphi z[2(1 + \beta_s) - \lambda_b\lambda_s - \lambda_b^2]\}/(2\mathscr{R})$$

(2) 当 $c > [\varphi(\lambda_b + \lambda_s) + 2z\varphi^2]/(z\mathscr{R})$ 时,

$$x^* = \varphi(\lambda_b + \lambda_s)/(c\mathscr{R} - 2\varphi^2)$$

$$p_s^* = [2c(1 + \beta_s)(\lambda_s - \lambda_b) - c\lambda_b\lambda_s^2 + 2\varphi^2\lambda_b]/[2(c\mathscr{R} - 2\varphi^2)]$$

$$p_b^* = [4c(1 + \beta_s) - c\lambda_b\lambda_s - 2\varphi^2]/(c\mathscr{R} - 2\varphi^2)$$

同样，在用户先后进入平台的情形中，平台对商户的增值服务投资策略符合单阈值策略。当服务投资的边际成本小于某阈值时，服务投资能够给用户效用带来大幅提升，平台将把所有资源都用于对商户的服务投资；而当服务投资的边际成本大于此阈值时，投资将消耗较大的成本，平台将利用部分资源对商户进行增值服务投资。

5.3.1 数字平台最优投资策略分析

接下来分析平台最优增值服务投资水平随负向的网络外部性和交叉网络外部性强度的变化关系，变化结果如命题5.1所示。

命题5.1 商户内部负向的网络外部性强度和交叉网络外部性强度对数字平台最优增值服务投资水平的影响为：

(1) 当 $c \leq [\varphi(\lambda_b + \lambda_s) + 2z\varphi^2]/(z\mathscr{R})$ 时, $\partial x^*/\partial \beta_s = 0$, $\partial x^*/\partial \lambda_i = 0 (i = b, s)$。

(2) 当 $c > [\varphi(\lambda_b + \lambda_s) + 2z\varphi^2]/(z\mathscr{R})$ 时, $\partial x^*/\partial \beta_s < 0$,

$\partial x^* / \partial \lambda_i > 0 (i = \text{b}, \text{s})$。

此结论说明,当商户内部负向的网络外部性强度越大时,平台对用户的最优投资水平就越低。从直观上来说,更多的投资能够提升服务水平,从而增加用户的效用,进而使用户数量上升。然而,当用户内部负向的网络外部性增强时,用户之间的竞争加剧,同一个群体内的用户数量越多,竞争就越激烈,用户效用的损失将越大。因此,在面对更强的用户竞争时,增加投资并不能给用户效用带来很大的提升,却需要平台付出更高的投资成本,所以,当用户内部负向的网络外部性增强时,平台会减少服务投资。

当双边用户之间的交叉网络外部性增强时,平台会提升服务投资水平。因为交叉网络外部性越强,意味着一边用户数量的增加能够在更大的程度上促进另一边用户数量的增加。因此,平台增加对商户的服务投资能够在总体上吸引更多的用户进入平台,这对平台更为有利。

5.3.2 增值服务投资前后比较分析

令 $x=0$,对式(5.4)进行重新优化,可得到平台不对用户服务进行投资时对双边用户的收费策略。将此策略和定理 5.1 中平台对商户投资之后对双边用户的收费策略进行比较,可得到平台对商户服务投资前后对双边用户收费策略的变化情况。

命题 5.2 用 Δp_b^* 和 Δp_s^* 分别表示数字平台在对商户服务进行投资之后与不投资相比,对双边用户收费的变化量,那么,当商户先进入数字平台、顾客后进入数字平台时:

(1) $\Delta p_\text{b}^* > 0$。

第5章 用户先后进入数字平台时考虑负向网络外部性的增值服务投资和定价策略

(2) 当 $2(1+\beta_s) > \lambda_b(\lambda_s+\lambda_b)$ 时，$\Delta p_s^* > 0$；当 $2(1+\beta_s) \leqslant \lambda_b(\lambda_s+\lambda_b)$ 时，$\Delta p_s^* \leqslant 0$，且当 $\lambda_b > 2(1+\beta_s) - \lambda_b(\lambda_s+\lambda_b) > 0$ 时，$\Delta p_b^* > \Delta p_s^* > 0$。

这一结论说明，平台在对商户服务进行投资之后，对顾客的收费是增加的，而对商户的收费可能增加也可能减少。当 $\beta_s > [\lambda_b(\lambda_s+\lambda_b) - 2]/2$ 时，商户内部的竞争较大，考虑到平台的服务投资，用户的效用会有所增加，此时平台增加对商户的收费可以提升自己的利润。而当 $\beta_s < [\lambda_b(\lambda_s+\lambda_b) - 2]/2$ 时，商户内部的竞争相对较小，此时，平台减少对商户的收费，加上平台对用户的投资，就可以促使更多的商户进入平台，从而增加平台的利润。

从这一结论可以看出，平台对商户的投资增加了商户的效用，当商户内部负向的网络外部性相对较强时，商户效用的增加会导致商户数量增加，这会进一步加剧商户之间的竞争，从而又会在一定程度上削弱商户效用的提升。因此，平台需要通过增加收费这一价格策略来降低这种效应（通过价格策略削弱竞争带来的负向影响），以保持对用户投资所能带来的好处。当商户内部的负向网络外部性较弱时，商户之间的竞争并不是很激烈，增加投资带来的用户效用和数量的增加并不会使负向的网络外部性所产生的影响过于明显，此时可通过减少对商户的收费来进一步增加商户的效用，扩大服务投资能够带来的影响，促使更多的商户进入平台，从而获得更多的利润。此外，当顾客这一边的交叉网络外部性足够强 $[\lambda_b > 2(1+\beta_s) - \lambda_b(\lambda_s+\lambda_b) > 0]$ 时，与商户相比，顾客能够通过交叉网络外部性从平台对商户的服务投资中间接获得较多的效用，那么，平台可以通过对获得较多效用的用户收取更多的费用来获得更高的利润。

5.3.3　最优收费策略的灵敏度分析

下面分析商户内部负向的网络外部性强度 β_s 和平台的投资成本系数 c 对平台收费策略的影响，所得结论分别如命题 5.3 和命题 5.4 所示。

命题 5.3　数字平台对双边用户的收费策略关于商户内部负向的网络外部性强度 β_s 的变化关系如下：

(1) $\partial p_b^* / \partial \beta_s < 0$。

(2) 当 $c \leqslant [\varphi(\lambda_b + \lambda_s) + 2z\varphi^2]/(z\mathcal{R})$ 时，$\partial p_s^* / \partial \beta_s > 0$；当 $c > [\varphi(\lambda_b + \lambda_s) + 2z\varphi^2]/(z\mathcal{R})$ 时，如果 $c > 2\varphi^2/\lambda_b^2$，那么 $\partial p_s^* / \partial \beta_s > 0$，如果 $[\varphi(\lambda_b + \lambda_s) + 2z\varphi^2]/(z\mathcal{R}) < c < 2\varphi^2/\lambda_b^2$，那么 $\partial p_s^* / \partial \beta_s < 0$。

当商户内部负向的网络外部性增加时，每个商户所能获得的效用会有所减少，平台服务投资的效应也会有所损失。此时，对顾客减少收费可以增加顾客所能获得的效用和顾客的数量。由于交叉网络外部性的存在，顾客数量的增加又能够促进商户效用的增加，从而弥补因商户竞争强度的增加所造成的商户效用的减少。

对于商户来说，当边际投资成本较小，即 $c \leqslant [\varphi(\lambda_b + \lambda_s) + 2z\varphi^2]/(z\mathcal{R})$ 时，平台将所有的资源都用于对商户服务进行投资，商户因此能够获得较大的效用。而随着商户内部竞争强度的增加，投资效应会被激烈的竞争削弱，此时增加对商户的收费，能够在一定程度上抵消竞争强度的增加所带来的负面影响，从而能够保持投资带来的优势，使平台获利。当边际投资成本增加到 $[\varphi(\lambda_b + \lambda_s) + 2z\varphi^2]/(z\mathcal{R}) < c < 2\varphi^2/\lambda_b^2$ 时，平台的投资量减少，投资给商户带来的效用相对较小。

此时，尽管商户内部的竞争在加剧，但因投资较少，并不会在总体上对商户效用产生较大的影响。因此，平台减少对商户的收费有利于增加商户数量，并间接增加顾客数量，从而获得更多利润。而当投资成本较大（$c > 2\varphi^2/\lambda_b^2$）时，平台对用户服务的投资需要消耗大量的成本，因此在商户内部竞争加强时，平台需要增加对商户的收费，这一方面可以削弱竞争带来的不利影响，另一方面可以在一定程度上弥补所付出的较大成本。

命题 5.4 当 $c > [\varphi(\lambda_b + \lambda_s) + 2z\varphi^2]/(z\mathscr{R})$ 时，数字平台对商户服务投资的成本系数对数字平台制定最优收费策略的影响如下：

（1）$\partial p_b^*/\partial c < 0$。

（2）当 $\lambda_b(\lambda_b + \lambda_s) > 2(1 + \beta_s)$ 时，$\partial p_s^*/\partial c > 0$；当 $\lambda_b(\lambda_b + \lambda_s) < 2(1 + \beta_s)$ 时，$\partial p_s^*/\partial c < 0$。

这一结论说明，当平台对商户增值服务投资的边际成本升高时，平台对顾客的收费降低，对商户的收费可能有所降低也可能升高。

类似地，接下来通过数值算例进一步说明该结论。在讨论平台对顾客收费的变化时，将初始参数的值分别设置为：$\beta_s = 0.3$，$\varphi = 0.5$，$z = 0.8$，当 $\lambda_s > \lambda_b$ 时，设 $\lambda_s = 0.4$，$\lambda_b = 0.6$，随着边际投资成本的增加，平台对顾客收费的变化如图 5.1 所示，图中，$\bar{c} = [\varphi(\lambda_b + \lambda_s) + 2z\varphi^2]/(z\mathscr{R}) = 0.258$。

在讨论平台对商户收费的变化时，针对 $\lambda_b(\lambda_b + \lambda_s) > 2(1 + \beta_s)$ 和 $\lambda_b(\lambda_b + \lambda_s) < 2(1 + \beta_s)$ 两种情况，参数的设置分别与 4.3.3 小节相同。两种情形下，平台对商户的收费随边际投资成本的变化分别如图 5.2（a）和图 5.2（b）所示，其中，$\bar{c}$ 值分别为 0.258 和 1.418。

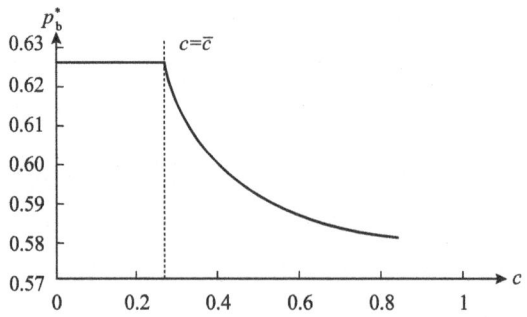

图 5.1 数字平台对顾客的收费随边际投资成本增加的变化趋势

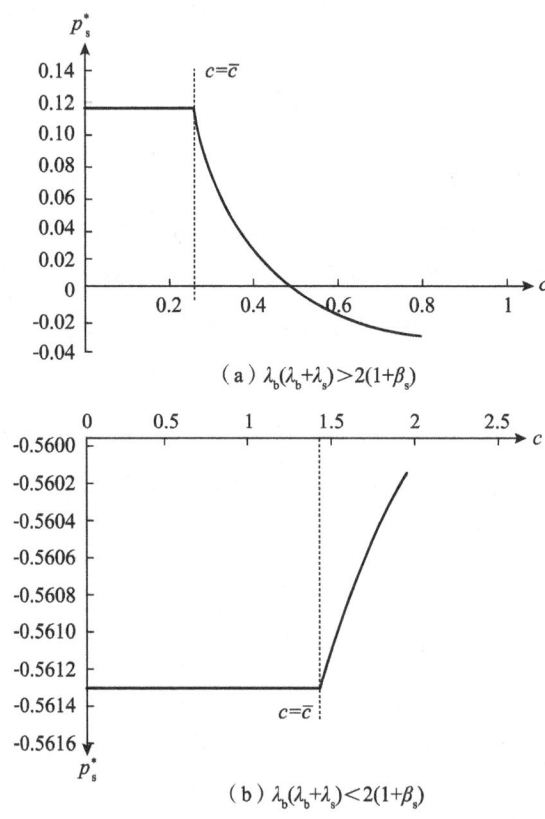

（a）$\lambda_b(\lambda_b+\lambda_s)>2(1+\beta_s)$

（b）$\lambda_b(\lambda_b+\lambda_s)<2(1+\beta_s)$

图 5.2 数字平台对商户的收费随边际投资成本的增加在不同情形下的变化趋势

第5章 用户先后进入数字平台时考虑负向网络外部性的增值服务投资和定价策略

当平台对商户投资的边际成本升高之后，投资量减少，平台投资能够给商户创造的效用减少。平台减少对顾客的收费，促进了顾客效用和顾客数量的增加，交叉网络外部性的存在又使得顾客数量的增加间接提升了商户的效用，促进了商户数量的增加，从而使平台获得更多的利润。当 $\lambda_b(\lambda_b + \lambda_s) > 2(1 + \beta_s)$，即 $\beta_s < [\lambda_b(\lambda_b + \lambda_s) - 2]/2$ 时，商户内部负向的网络外部性强度相对较低，当投资成本升高时，投资量减少，商户效用和商户数量减少，而此时用户内部竞争较小，平台增加对商户的收费能够在一定程度上降低由成本升高造成的利润损失。反过来，当 $\beta_s < [\lambda_b(\lambda_b + \lambda_s) - 2]/2$ 时，商户内部的竞争较大，平台服务投资给商户带来的效用将会因为较强的负向网络外部性而减少，因此时投资量较小，对商户减少收费能够促进投资带来的效用，从而促进商户数量的增加并使平台获得更多的利润。

5.4 小　结

本章主要分析了当双边用户先后进入平台时，若先进入平台的用户群体内部存在负向的网络外部性，如何通过制定对该类用户的增值服务投资策略和对双边用户的收费策略来减少用户内部负向的网络外部性给平台造成的损失。

研究结果表明，单边用户群体内部负向的网络外部性的增强将促使平台降低增值服务的投资水平，而双边用户群体之间交叉网络外部性的增强将促使平台提升其增值服务的投资水平。在用户先后进入平台的情形下，平台对群体内部存在负向的网络外部性的用户进行增值服务投资之后，一定会增加对后进入平台的用户的收费；而对于先进入平台的用户，当其群体内部负向的网络外部性与双边用户之间的交叉网络外部性强度不同时，增值服务投资（或者边际投资成本的增加）可能会导致平台增加对受负向网络外部性影响的用户的收费，也可能导致平台降低对该类用户的收费。此外，随着单位增值服务为该类用户带来的效用提升量的增加，平台可能增加也可能减少对该类用户的收费。

第6章 双边平台动态定价与投资策略

6.1 问题的引出

双边市场表现出间接网络效应，平台服务于两个不同的用户群体，一个群体中的每个消费者的效用随着另一个群体中的用户数量的增加而增大（Rochet and Tirole，2003）。间接网络效应的存在会导致需求侧的规模经济，可能会强烈影响平台的决策（Parker and Van Alstyne，2005），导致与传统市场相比出现高度差异化。自关于双边市场的开拓性工作开展以来（如 Armstrong，2006；Caillaud and Jullien，2003；Hagiu，2006；Parker and Van Alstyne，2005；Rochet and Tirole，2003；Weyl，2010），双边市场相关研究吸引了越来越多学者和决策者的广泛关注，但如第2章所述，大多数文献都集中于描述静态环境下平台的最优策略。然而，目前双边市场产业实践中出现的许多重要经济现象，却体现了双边市场固有的动态特性，如平台的动态定价、投资的长期回报、平台用户增长的动态路径等，这些特点促使平台企业在竞争环境中动态地做出运营决策。

与静态环境相比,具有间接网络效应的平台动态竞争呈现出若干显著不同的特征。首先,市场优势在竞争平台之间随时间变化,这种变化呈现出动态的和不稳定的特征,市场领导地位的这种随着时间推移的变化,取决于平台的决策和一系列随机因素。其次,在动态环境下,平台的决策基于其长期利益、市场结构状态和竞争对手的策略。最后,在动态竞争中存在随机性,竞争过程中会出现一些随机冲击且难以预测。然而,这种动态特性被以往关于双边市场的研究所忽略,因此,在研究平台经济时捕捉这些特征具有重要的理论和现实意义。

对于传统的产品或服务而言,潜在的用户自主地做出购买决策,因此,技术、性能和可靠性等质量因素无疑是保证新产品成功的关键。然而,对于具有网络效应的产品而言,用户的决策是相互依赖的。用户采用具有网络效应平台的效用通常包括两部分:与平台质量相关的内在价值和与用户基础相关的网络价值(McIntyre,2011)。网络价值随着先前加入平台的用户数量的增加而增加,从而在决定用户的采纳行为方面起着重要的作用。因此,对于具有双边用户的平台而言,其面临的一个关键战略决策是:应将内在价值(质量)还是网络价值(用户基础)作为获得成功的关键因素?

定价和质量投资决策是与上述问题相关的最基本的决策之一。从短期来看,这些决策对盈利能力有着直接的影响;而从长期来看,它们又是决定双边市场竞争环境如何演变的关键因素。较低的价格或较高的投资支出可能会暂时降低平台的盈利能力,但从长远来看,可能会扩大平台的市场份额。以视频游戏产业的演变过程为例,自20世纪70年代末,视频游戏主机开启了双边市场的商业模式,现在已经发展到第九代游戏主机(任天堂的NS、索尼的PS5、微软的Xbox Series X)。这类平台平均每5年进行投资完成一次产品升级,并随着新一代游戏

第6章 双边平台动态定价与投资策略

机的发布调整价格。一些平台可能从一个小的市场份额上快速增长，而大多数平台都会被市场淘汰。

基于以上分析，本章提出了以下关键问题：平台在不同的市场环境下应该怎样制定投资和定价策略？在动态竞争环境下会产生怎样的市场结构？本章在双边市场双寡头竞争的框架下对这两个问题进行深入的理论研究，提出动态随机博弈模型（Maskin and Tirole，1987，1988a，1988b；Ericson and Pakes，1995）来解释平台在不同情况下的投资和定价策略，并说明在均衡决策下，动态竞争导致的不同市场结构如何产生。以此来分析在哪些情况下平台能够保持稳定增长，解释为什么在有些市场中能够同时存在两个竞争平台，而另一些市场中最后只会剩下一个垄断平台。

本章的贡献在于将产业动态理论和随机博弈引入双边市场理论研究。为了克服静态模型的局限性并考虑双边市场结构随时间的演变，本章研究了双边市场长期的动态投资与定价策略。目前，绝大部分双边市场的相关研究都建立在静态环境下，从而忽略了动态环境下双边市场表现出来的一些有意义的经济现象。例如，竞争平台在早期可能陷入激烈的价格竞争和付出大量投资，以促进平台业绩的增长，占据市场主导地位，从而在形成足够大的竞争壁垒阻断竞争后实施渗透定价策略。

具有网络效应的产业动态问题已经吸引了越来越多的产业经济学研究，Ericson 和 Pakes（1995）基于 Maskin 和 Tirole（Maskin and Tirole，1987，1988a，1988b）的一系列研究提出了马尔可夫完美均衡概念，构造了一个基本动态竞争框架，提供了一个具有投资、进入和退出行为的寡头垄断产业动态竞争且可计算模型。该模型是产业组织理论中被广泛用于分析产业动态的工具，并且已经被不同的作者扩展到具有网络效应的多种产业领域，包括 Cabral（2011）、Chen（2016，2018）、Chen 等（2009）、Dubé 等（2010）、Evans 和 Schmalensee（2007）、

Jenkins 等（2004）、Markovich（2008）、Markovich 和 Moenius（2009）等。然而，上述大部分文献都只考虑了直接网络效应下企业动态策略的制定，相比之下，我们将研究扩展到间接网络效应下双边平台的动态竞争。双边市场下，平台对一边用户的当期定价会影响另一边用户的需求，进而通过间接网络外部性影响下一周期的用户需求，这是双边市场最为重要的动态特征之一。此外，大部分文献都只考虑了动态竞争下的单一决策问题，如 Chen 等（2009）和 Chen（2018）研究了直接网络效应下平台的兼容性和定价联合策略。本章通过结合产业动态和双边市场理论，创新性地研究了双边平台在动态环境下的质量投资和定价联合策略。

一些实证类的文献讨论了平台质量和网络效应对竞争的影响。一部分研究认为，平台的初始用户基础是促使平台成功的关键（如 Clements and Ohashi, 2005; Farrell and Saloner, 1986; Katz and Shapiro, 1986, 1992），其原因一方面在于，网络效应造成的正反馈效应改变了消费者行为和竞争的动态过程，即使是初始阶段很小的用户基础优势也会被不断放大，从而造成市场聚集、赢者通吃的现象，此类研究强调了网络效应在动态竞争中的重要作用，在现实中也存在大量的平台型企业采取急速扩张的竞争策略；另一方面，不断有文献提出，尽管网络效应在市场竞争中占据重要地位，但仍然没有改变平台质量在竞争中的决定性作用（Castillo et al., 2011; McIntyre, 2011; Gretz, 2010; Tellis and Niraj, 2009），这类文献认为，只要平台的质量优势足够大，即使在初期用户基数较小，也能最终赢得市场。这些实证类文献针对特定的产业对平台的成功驱动因素进行了经验验证，但没有综合考虑平台内在价值和网络价值的互动关系及动态变化，从而忽略了市场主体的决策机制。本部分将建立考虑平台投资与定价的动态决策模型，能够对平台的质量和用户基础的作用进行更完备的分析。

6.2 模型的建立

本节建立了双寡头竞争环境下的离散无限期动态模型,市场中存在两个潜在质量和市场占有率随时间变化的竞争平台。平台的不同策略将导致市场结构的变化,而市场结构又反过来影响平台每期的策略。表 6.1 给出了本章的主要参数定义。

表 6.1 主要参数定义

参数	定义
n_{it}	平台 i 在阶段 t 的买方用户数量
m_{it}	平台 i 在阶段 t 的卖方用户数量
$\overline{N}$	买方的潜在总用户量
$\overline{M}$	卖方的潜在总用户量
ω_{it}	平台 i 在阶段 t 的质量水平状态
κ_{it}	平台 i 在阶段 t 的买方用户数量状态
Δ	买方用户的单位需求
x_{it}	平台 i 在阶段 t 的投资策略
p_{it}	平台 i 在阶段 t 对买方用户的定价策略
π_{it}	平台 i 在阶段 t 的阶段性收益
γ	平台质量对买方用户的边际效用
α_b	买方用户的间接网络效应强度
α_s	卖方用户的间接网络效应强度
r	平台对卖方用户收取的固定交易费
F	卖方加入平台的固定成本
α	平台投资使质量升级的控制参数
δ	外部市场技术进步的外生概率
σ	平台间的差异性参数

6.2.1 状态空间

尽管这里关注的是只有两个平台的竞争市场，但本节建立的模型可以比较容易地扩展为一般的多个平台的情形。设 $i \in \{1, 2\}$ 表示市场中为买方和卖方提供交易场所（现实的或虚拟的）的两个相互竞争的双边平台，在时期 t 的开始阶段，平台 i 具有之前加入平台的双边用户基础。用 $n_{it}(m_{it})$ 表示平台 i 在阶段 t 的买方（卖方）用户数量，买方（卖方）的潜在总用户量为 $\overline{N}(\overline{M})$。假设在每个阶段，卖方的用户数量为买方用户数量的函数，即 $m_{it} = h(n_{it})$（后面将导出此函数的具体形式），该假设省略了双边用户的某些动态互动特征，但是也抓住了双边用户数量的相互依赖关系，同时简化了模型中需要追踪的状态空间。用 $\omega_i \in \Omega_\omega$ 表示平台 i 的质量水平，$\Omega_\omega \in \{0, 1, \cdots, \overline{\omega}\}$。假设买方用户的数量是离散的，$n_{it} = \kappa_{it}\Delta$，其中，$\Delta$ 是买方用户的单位需求，$\kappa_{it} \in \Omega_\kappa = \{0, 1, \cdots, N\}$ 为平台 i 在阶段 t 的买方用户数量状态，有 $\overline{N} = N\Delta$。综上，市场中的产业结构可表示为 $s_t = (\omega_t, \kappa_t) \in \Omega_\omega^2 \times \Omega_\kappa^2$。观察到市场的初始状态后，两个平台将同时且独立地做出投资和定价决策，这会导致两个结果：第一，平台 i 基于当前状态和策略获取阶段 t 的阶段性收益 $\pi_{it}(\alpha_{it}, s_{it})$，其中 $\alpha_{it} = (x_{it}, p_{it})$ 表示平台 i 在阶段 t 的定价和投资策略；第二，市场的产业结构以 $\Pr(\cdot \mid \alpha_t, s_t)$ 的概率分布从状态 s_t 转移到 s_{t+1}，用 $q(s_{t+1} \mid \alpha_t, s_t)$ 表示状态 s_{t+1} 被选中的概率。从下一阶段 $t+1$ 开始，平台观察到市场状态 s_{t+1} 时采取策略 α_{t+1}，获取阶段性收益 $\pi_{t+1}(\alpha_{t+1}, s_{t+1})$，系统状态再次更新，市场以此方式不断无限期地重复博弈。

阶段 t 的博弈次序如下：第一阶段，每个平台获取市场结构状态

s_t，包括每个平台的市场份额和平台的质量，据此决定投资策略，以提升平台质量。第二阶段，平台质量随投资实现升级，平台据此决定对买方用户收取的费用。本章假设平台对卖方用户收取固定的交易费用，以避免动态随机博弈计算的维数灾难问题（Doraszelski and Satterthwaite，2010）。第三阶段，用户基于加入每个平台的效用决定加入某个平台。动态博弈以此种方式不断进行下去。

6.2.2 双边需求

假设每一阶段的买方用户需求来自市场中的单位代表消费者 $\tau \in \{0, 1, 2\}$（其中，0 代表该单位需求来自之前阶段未加入任一平台的外部用户）。基于平台的当前状态和决策，该消费者选择采用平台 1 或平台 2，或者选择不加入平台，以最大化自己的效用。假设 τ 服从分布 $\Pr(\tau = i \mid \kappa_t) = \kappa_{it}/N$，因此，需求来自用户更多的平台具有更大的概率。买方用户加入平台的效用取决于平台的质量和加入该平台的卖方用户数量，则加入平台 i 的买方用户单阶段效用函数为

$$u_{it} = \gamma \omega_{it} + \alpha_b m_{it} - p_{it} + \varepsilon_i \tag{6.1}$$

式中，ω_{it} 为平台的质量水平；$\alpha_b m_{it}$ 表示间接网络外部性的大小，$\alpha_b (\alpha_b > 0)$ 为间接网络外部性强度参数，m_{it} 为平台卖方用户的数量；p_{it} 为平台收取的价格；ε_i 为用户对平台的随机偏好且对平台而言是未知的，假设其统一独立地服从第一类极值分布（类似的假设可见 Chen 等，2009）。由此可得，平台 i 的买方用户需求为

$$D_{it}(s_t, p_t) = \frac{\exp\left(\dfrac{\gamma \omega_{it} + \alpha_b m_{it} - p_{it}}{\sigma}\right)}{1 + \sum_{k=1}^{2} \exp\left(\dfrac{\gamma \omega_{kt} + \alpha_b m_{kt} - p_{kt}}{\sigma}\right)} \Delta \tag{6.2}$$

其中，σ ($\sigma>0$) 为平台间差异性参数，当 $\sigma\to0$ 时，平台趋向于同质化，因此定价更低的平台将获得用户需求。

一个商户可以从与单位消费者的交易中获取 α_s 的效益，但必须按比例 $r(r\in[0,1])$ 付给平台交易费。不失一般性，本章假设每个买方用户从商户购买单位的商品或服务，因此，平台 i 中每个商户的收益函数为 $(1-r)\alpha_s n_{it}$。假设每个卖方用户加入平台付出的固定成本 $f\in[0,F]$，f 服从均匀分布，可表示卖方用户的效益差异。假设卖方用户为多归属，可同时加入多个平台。一个卖方用户加入平台 i 可获取的收益为

$$\pi_s = (1-r)\alpha_s n_{it} - f \tag{6.3}$$

边际卖方用户固定成本 f_i^* 表示加入平台 i 或不加入平台无效益差异，所以 $f<f_i^*$ 的卖方用户会加入平台 i，可得平台 i 的卖方用户数量为

$$m_{it} = h(n_{it}) = \frac{(1-r)\alpha_s n_{it}}{F}\overline{M} \tag{6.4}$$

6.2.3 状态转移空间

本小节描述模型的动态框架。$s = (\omega,\kappa)$ 表示当前的市场状态，则下一阶段的市场状态 $s' = (\omega',\kappa')$ 的转移概率由双边用户的决策和平台的定价与投资策略共同决定。平台投资越多，则下一阶段平台质量升级成功的概率越高，假设平台投资量为 x，则质量提升的概率为 $ax/(1+ax)$（类似的假设参考 Ericson 和 Pakes，1995）。同时，外部市场的技术进步可能会抵消平台质量提升的优势，假设外部市场技术进步的外生概率为 $\Pr(\chi=1)=\delta$，且独立于平台的投资水平。由此，给

定当前平台的质量水平 ω_i 和投资水平 x_i，则平台 i 的下一阶段质量水平为 ω_i' 的概率可表示为

$$\Pr(\omega_i' | \omega_i, x_i, \chi) = \begin{cases} (1-\delta)\dfrac{ax}{1+ax}, & \omega_i' = \omega_i + 1 \\ \delta\dfrac{ax}{1+ax} + (1-\delta)\dfrac{1}{1+ax}, & \omega_i' = \omega_i \\ \delta\dfrac{1}{1+ax}, & \omega_i' = \omega_i - 1 \end{cases} \quad (6.5)$$

由于平台在最高（最低）质量水平时不能继续提高（降低），设定 $\Pr(\omega_i' = \overline{\omega} | \omega_i = \overline{\omega}, x_i, \chi = 0) = 1$，$\Pr(\omega_i' = 0 | \omega_i = 0, x_i, \chi = 1) = 1$，即在质量状态空间处于最高界和最低界时的转移概率为 1，其他情况如式（6.5）所示。

买方用户的决策更为复杂，因为理性消费者可能会依据平台期望状态做出决策。本章假设用户为短视的，即只在乎当前阶段的平台质量和用户数量，这简化了模型的复杂程度，且在一定程度上是符合实际情况的。用 $\Pr(\kappa_i' | \omega', \kappa, p)$ 表示给定平台的当前市场份额 κ，给定当前阶段投资后的质量水平 ω' 和平台的定价 p，则平台 i 在下一阶段时用户端市场份额为 κ_i' 的概率为

$$\Pr(\kappa_i' | \omega', \kappa, p) = \begin{cases} \phi_i(s,p)\left(1 - \dfrac{\kappa_i}{N}\right), & \kappa_i' = \kappa_i + 1 \\ \phi_i(s,p)\kappa_i/N + (1-\phi_i)(s,p)(1-\kappa_i/N), & \kappa_i' = \kappa_i \\ (1-\phi_i)(s,p)\kappa_i/N, & \kappa_i' = \kappa_i - 1 \end{cases}$$

$$(6.6)$$

式中，$\phi_i(s,p) = D_i(s,p)/\Delta$ 为平台获取单位需求的概率。

6.2.4 平台决策

本章模型不考虑平台进入和退出市场的决策,而是假定当平台的质量和市场占有量为0时,平台的需求为0,此时由另一个平台垄断整个市场。当市场的产业结构状态为 $s = (\omega,\kappa)$ 时,平台通过一个跨期的动态最优化问题使其总体利润最大化。以 $V_i(s)$ 表示平台 i 的期望收益,可表示为如下的贝尔曼方程:

$$V_i(s) = \sup_{x_i \geq 0}[-cx_i + \sum_{\omega' \in \Omega_2^\omega} W_i(\omega',\kappa)\Pr(\omega' \mid \omega,x_i,x_{-i},\chi)] \quad (6.7)$$

其中

$$W_i(\omega',\kappa) = \sup_{p_i}[p_i D_i(p,\omega',\kappa) + rh(\kappa_i \Delta)D_i(p,\omega',\kappa) + \beta \sum_{\kappa' \in \Omega_2^\kappa} V_i(\omega',\kappa')\Pr(\kappa' \mid \omega',\kappa,p_i,p_{-i})] \quad (6.8)$$

我们用对称马尔可夫完美均衡(Markov Perfect Equilibria, MPE)求解该动态博弈模型,随机动态博弈中 MPE 的定义如下:

定义 6.1 在以上随机动态博弈中,一个马尔可夫完美均衡为一组策略集 $a^* = (a_i^*(s)) \in \Lambda^N$,对于所有的状态 $s \in S$,有:

$$V_i(s,a_i^*(s),a_{-i}^*(s)) \geq V_i(s,a(s),a_{-i}^*(s))$$

对任意策略 $a_i \in \Lambda$ 成立,其中, $V_i(s,a(s),a_*^{-i}(s)) = \sum_{t=0}^{\infty} \beta^t E(\pi_i(s_t,a_t \mid s_0 = s))$。

一个 MPE 涉及策略函数 $a(s) = (x(s),p(s))$ 和值函数 $V(s)$,使得:①对于所有博弈方 i,给定 $a_{-i}(s)$, $V_i(s)$ 为贝尔曼方程式(6.7)

和式（6.8）的值函数解；②给定 $a_{-i}(s)$ 和 $V_i(s)$，$a_i(s)$ 为最大化方程式（6.7）和式（6.8）的最优策略。如果 $V_1(s_1,s_2) = V_2(s_2,s_1)$，则称 MPE 为对称的。Doraszelski 和 Satterthwaite（2010）给出了对称 MPE 存在的必要条件。

参考 Pakes 和 McGuire（1994）提出的迭代算法来计算模型的 MPE，通过最终得出的均衡定价和投资策略、消费者的平台选择和值函数来构建产业动态的转移矩阵，从而分析市场结构的长期产业动态特征。

本部分模型考察的关键参数为平台间的差异性 σ、质量的边际效用 γ 以及双边用户的间接网络外部性参数 α_b 和 α_s。假设 $\sigma \in \{0.5, 1, 2\}$，$\alpha_b \in \{0.5, 1, 2\}$，$\gamma \in \{0.5, 1, 2\}$，参数的不同组合可表示不同的市场特征。卖方用户的间接网络外部性设定为 $\alpha_s = 1$，由此可以比较两边间接网络外部性的大小。单位投资成本 $c = 0.2$，使得长期的市场结构可以是分散的，经过计算发现单位投资成本过大或者过小会造成市场聚集，市场中长期只存在一个平台，这种市场结构不是本部分研究的重点。此外，本部分的其他参数设定为：买方和卖方用户的潜在市场规模为 $N = \overline{M} = 10$，买方用户的单位需求 $\Delta = 3$；现值折扣因子 $\beta = 0.95$，代表约 5% 的年利率；投资质量系数 $a = 2$，退化率 $\delta = 0.5$；平台向卖方用户收取的交易费率为 $r = 0.3$，这和现实情况是近似的，例如，苹果公司的应用商店向应用开发商收取 30% 的销售收入。本章内容的参数设定并非针对某一特定类型的市场，而是为了研究不同参数代表的市场特性下平台的决策行为，在以上参数设定下，双边用户的价格需求弹性为 $-1.68 \sim -0.40$，这与相关的实证研究基本吻合（如 Gandal, Kende, and Rob, 2000；Clements and Ohashi, 2005）。

6.3 结果分析

本节试图回答以下问题：第一，哪些经济因素促成了不同的市场占有率和平台质量结构，以及这些因素如何分别和综合地影响市场结果；第二，在促进平台的长期成功方面，平台质量和用户基础中的哪个因素更为关键？

6.3.1 平台质量的边际影响

我们首先在不考虑网络效应的情况下，研究了平台质量的边际效用对市场结果的影响。研究结果表明，当边际效用相对较小或较大时，所得结果有较大差异。

图 6.1 显示了不同质量边际效用（$\gamma = 0.5, 1, 2$）的平台均衡投资和定价策略。在没有网络效应的情况下，产品质量成为消费者唯一关心的因素，因此在初始质量对称时，平台的均衡价格保持不变。在不同的投资环境下，均衡投资会表现出不同的特征。当边际效用较小（$\gamma = 0.5$）时，平台的均衡投资随自身质量先增大后减小，而对对手质量不敏感。当边际效用较大（$\gamma = 2$）时，如果两个平台的质量水平相当，投资会显著增加；而如果一个平台在质量上领先，则落后的平台将停止投资。这表明，如果一个平台的质量落后，机会成本可能很大，赶超的机会就会丧失。

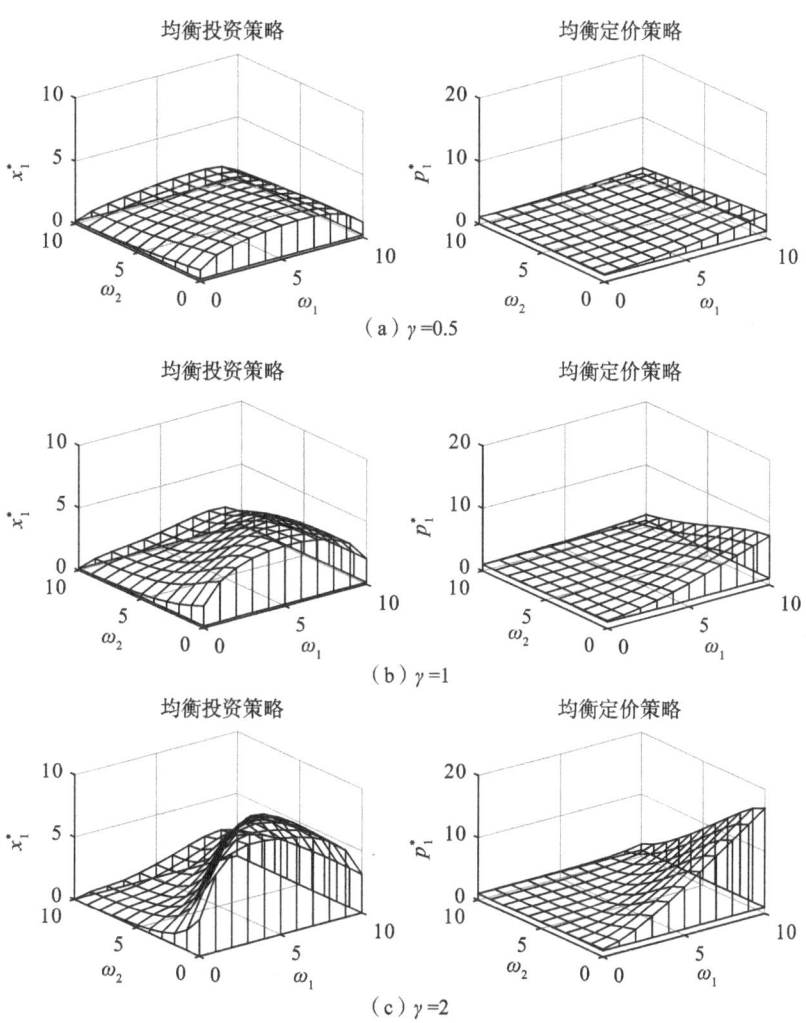

图6.1 无网络外部性时的均衡策略

注：均衡策略的状态为(ω_1, ω_2, 0, 0)。

除此之外，研究结果还表明，平台的均衡价格随自身质量的提高而提高，随竞争对手质量的提高而下降，而且在质量边际效用较大的情况下，质量较高的平台定价增长幅度明显较大，这就导致了一种更凸的定价策略，即每单位质量的增加都会导致定价的较大增加。

图 6.2 显示了随着时间的推移，产业结构是如何随着质量边际效用的不同而演变的。它说明了平台质量和用户基础的瞬态分布，即 $\mu^t(\omega)$ 和 $\mu^t(\kappa)$ 从产业初始状态 $s=(0,0;0,0)$ 经过 t 期演变后特定状态出现的频次。通过基于均衡策略模拟 5000 次平台动态竞争过程，每次模拟包含周期数 $T=100$，最后统计出在 $T=100$ 时，特定产业结构出现的频次（如不特别说明，后文中的统计结果都按此过程计算）。结果表明，当边际效用较小时，单峰型的瞬态分布表明市场通常是分散的，因为行业在大多数时间处于相当对称的状态；当边际效用较大时，可能出现对称结构或极不对称结构两种情况。如图 6.2（c）所示，产业状态的瞬态分布是双峰型的：$T=100$ 周期后，会出现平台质量不对称的状态 $(\omega_1,\omega_2)=(9,0)$ 和 $(\omega_1,\omega_2)=(0,9)$，每种状态出现的概率为 0.10；用户数量不对称的状态 $(\kappa_1,\kappa_2)=(9,0)$ 和 $(\kappa_1,\kappa_2)=(0,9)$ 出现的概率为 0.05。也就是说，随着质量边际效用的增加，最有可能出现的产业结构将变得更加不对称。

接下来，我们研究不同平台差异化水平下的市场结构如何变化。为了说明平台竞争动态路径上的 MPE 和产业状态，通过计算关于平台质量和用户数量的赫芬达尔指数来描述平台在不同时期的产业集中度特征，计算公式为

第6章 双边平台动态定价与投资策略

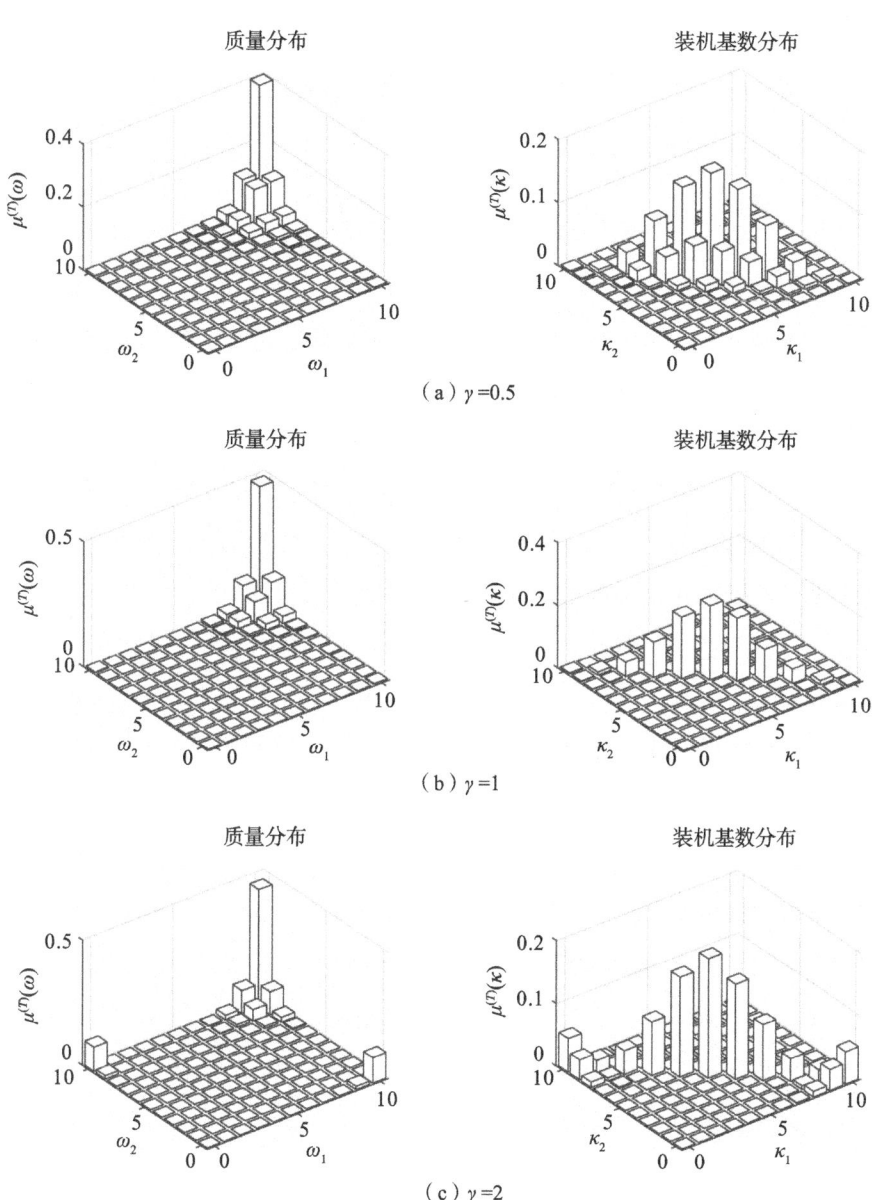

图 6.2 $T=100$ 时平台质量和用户数量的瞬态分布

注：计算的初始状态为 $s=(0,0;0,0)$。

$$H_\omega^{(t)} = \sum_{\omega_1=0}^{\bar{\omega}} \sum_{\omega_2=0}^{\bar{\omega}} \left[\left(\frac{\omega_1}{\omega_1 + \omega_2} \right)^2 + \left(\frac{\omega_2}{\omega_1 + \omega_2} \right)^2 \right] \mu^{(t)}(\omega_1, \omega_2) \quad (6.9)$$

$$H_\kappa^{(t)} = \sum_{\kappa_1=0}^{\bar{\kappa}} \sum_{\kappa_2=0}^{\bar{\kappa}} \left[\left(\frac{\kappa_1}{\kappa_1 + \kappa_2} \right)^2 + \left(\frac{\kappa_2}{\kappa_1 + \kappa_2} \right)^2 \right] \mu^{(t)}(\kappa_1, \kappa_2) \quad (6.10)$$

式中，$\mu^{(t)}(\cdot,\cdot)$ 为平台状态在周期 t 内的瞬态分布。指数值域为 0.5~1，代表预期市场结构的动态特征，指数值越高，表明市场结构越集中。图 6.3 显示了市场均衡动态路径，通过在不同质量边际效用 γ 下改变平台差异 σ，针对不同的参数计算平台动态均衡策略得到赫芬达尔质量指数（左列）和用户数量指数（右列）的动态路径。

从图 6.3 可以看出，较大的质量边际效用或较小的差异化倾向于导致更不对称的产业结构。这是因为一方面，较大的边际效用使落后的平台更难从外部获取消费者并保持其用户基础，因此丧失市场地位的机会成本更高；另一方面，较小的平台差异化加强了市场竞争，从而导致较低的市场利润。在这种市场特征下，平台会采取积极的投资策略，以获得行业领先地位。为了保证一个市场能够支撑两个盈利平台，双边市场应该具备平台间差异化较大且平台的质量边际效用较小的特征。为了评估平台动态竞争导致的产业结构的长期趋势，本小节计算了平台质量和用户数量的极限赫芬达尔指数 $H^\infty(\omega_1,\omega_2)$ 和 $H^\infty(\kappa_1,\kappa_2)$。这里将周期 1000 视为足够长的周期（即用 $\mu^{(1000)}$ 近似表示 μ^∞），而不直接计算极限（遍历）分布，因为 MPE 所隐含的马尔可夫过程可能具有多个封闭的联通类（Communicating Classes），其结果见表 6.2，所得出的结果验证了以上论述。

第6章 双边平台动态定价与投资策略

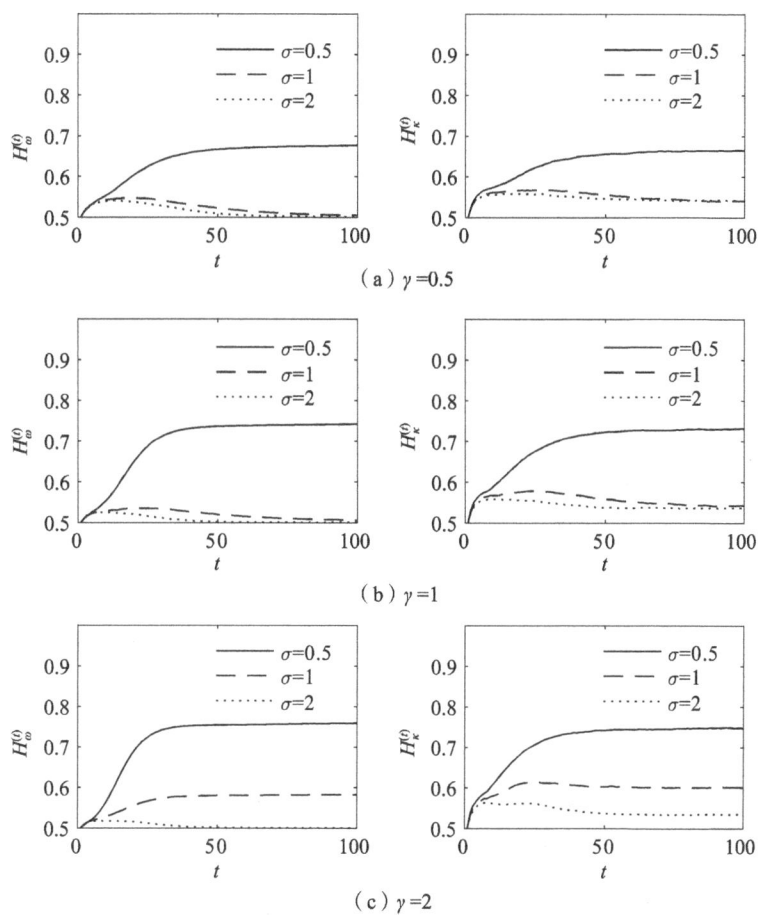

图6.3 市场均衡动态路径

表6.2 平台质量和用户数量的集中度极限赫芬达尔指数

参数	$\gamma=0.5$			$\gamma=1$			$\gamma=2$		
	$\sigma=0.5$	$\sigma=1$	$\sigma=2$	$\sigma=0.5$	$\sigma=1$	$\sigma=2$	$\sigma=0.5$	$\sigma=1$	$\sigma=2$
$H_\omega^{(\infty)}$	0.7388	0.5015	0.5012	0.8023	0.5115	0.5009	0.8150	0.5873	0.5018
$H_\kappa^{(\infty)}$	0.7133	0.5342	0.5323	0.7820	0.5360	0.5345	0.7909	0.6058	0.5358

6.3.2 间接网络外部性的作用

本小节研究在不考虑平台质量的情况下,间接网络效应对市场结构和平台决策的影响。单期平台利润来源于买方用户的购买收入,以及从买卖双方交易中收取的交易费。结果表明,间接网络效应的相对强度对定价结构和平台收益有显著影响。

经典的双边市场文献说明了高度扭曲的定价结构与双边间接网络效应的相对大小之间的关系(Rysman,2009)。在动态竞争机制中,这种倾斜定价不仅来源于平台通过控制用户规模寻求利润最大化的单周期决策,还来源于调整现有策略以追求长期利益的动态过程,这也为网络产业的扭曲定价提供了一个新的视角。在本小节的动态模型中,网络效应强度在两个方面影响平台的均衡策略。首先,网络效应的相对强度决定了平台利润的主要来源,平台向网络效应较大的一边倾斜价格;其次,网络效应的强度决定了平台的用户维持或外部用户获取的难度,这在经典的静态模型中没有得到考虑。

图 6.4 描述了间接网络效应变化时对应的均衡投资和定价策略。因为消费者在这种情况下不考虑平台质量,所以平台的投资总是为 0。而随着间接网络效应的增强,在用户规模可比的情况下,各平台将展开激烈的价格竞争,如图 6.4 右侧显示,随着 α_b 的增加,均衡定价在用户数量坐标的对角线附近呈深沟状,说明当平台尚未获得稳定、领先的市场份额时,它们的竞争将更加激烈。首先,一旦某个平台领先,较小的平台就不再试图争夺市场支配地位,均衡价格略高于 0。其次,当间接网络效应较强时,较大平台的价格明显高于较小的平台。其背后有两个原因:一是间接网络效应较强,说明买方用户加入平台的效

用较大；二是买方用户的间接网络效应相对卖方较强，使得平台主要从买方用户获取利润，从而导致对买方用户设定的价格增加，以实现平台利润最大化，这与经典的双边定价策略观点一致。而与传统观点相反，我们发现当平台获得可比的用户规模时，间接网络效应较强时的定价比间接网络效应较弱时更低。这是由于较强的间接网络效应使更大的平台具有显著的盈利优势，因此其定价变得更加激进，这使得即使用户基数最初相同，随着市场的动态竞争，市场也会变得越来越集中。

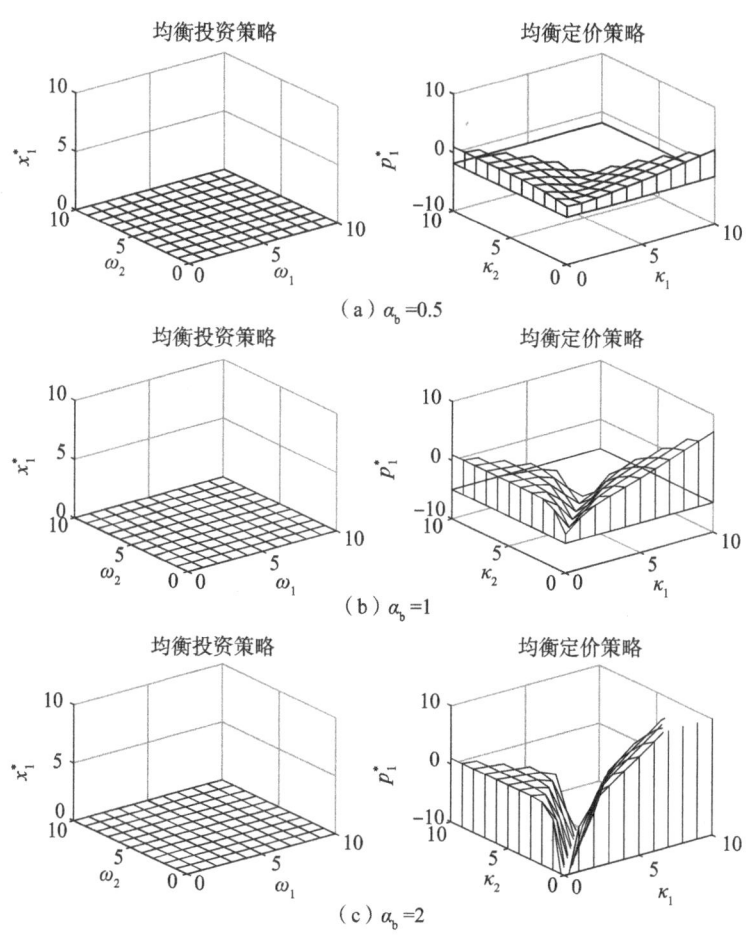

图6.4 不考虑平台质量的平台均衡投资与定价策略

图 6.5 描述了关于平台质量和用户数量的市场结构的瞬态分布。此时在所有参数下,都无法找到对称的市场结构。用户数量的双峰型分布表明,多数情况下市场结构是不对称的,因此市场结构比较集中,一个平台始终占据市场的大部分;而且随着间接网络效应的增强,市场在长期内更加集中,见表6.3。当 $\gamma=1$,$\alpha_b=0.5$ 时,用户数量的集中度极限指数为 0.7687;而当 $\alpha_b=2$ 时,集中度极限指数增加到 0.8274。

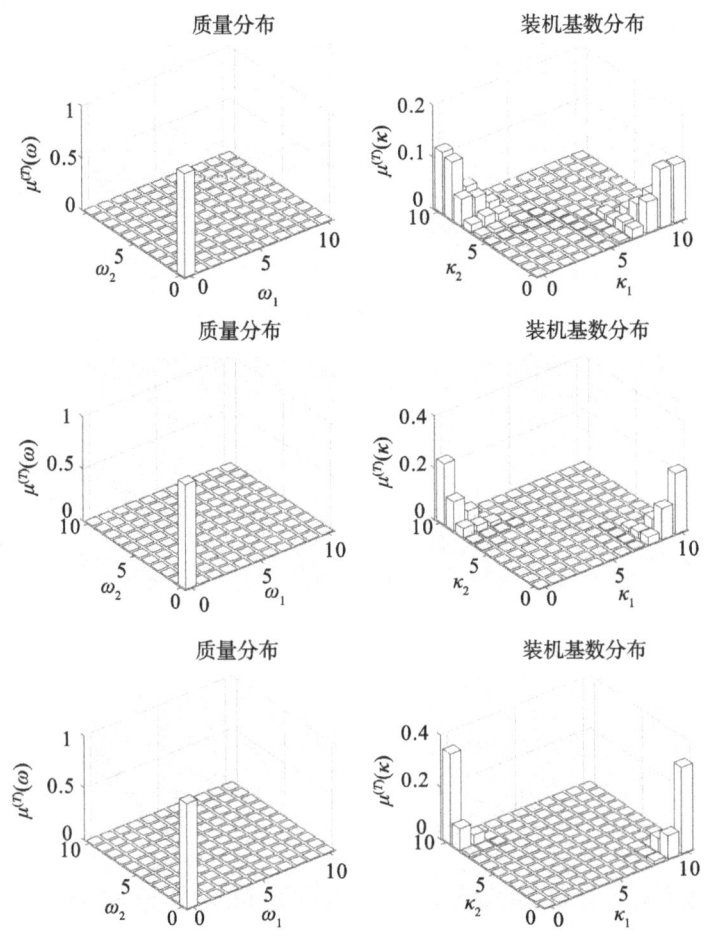

图 6.5 $T=100$ 时平台质量和用户数量的瞬态分布

表6.3 平台用户数量的集中度极限指数

参数	$\alpha_b = 0.5$			$\alpha_b = 1$			$\alpha_b = 2$		
	$\sigma = 0.5$	$\sigma = 1$	$\sigma = 2$	$\sigma = 0.5$	$\sigma = 1$	$\sigma = 2$	$\sigma = 0.5$	$\sigma = 1$	$\sigma = 2$
$H_K^{(\infty)}$	0.7996	0.7687	0.6889	0.8253	0.7716	0.7536	0.8348	0.8274	0.8170

6.3.1小节的分析表明,平台差异化程度越高,在没有网络效应的情况下,市场集中度越低。接下来,我们研究在不同平台差异化水平下,间接网络效应的存在对市场结构的影响。图6.6显示了随时间推移,在不同的平台差异化和网络效应下,平台用户集中度指数的动态路径。结果表明,平台差异化程度越高,市场集中度越低,且只有当间接网络效应较弱时,差异化才起重要作用;而当间接网络效应较强时,差异化水平对市场结构的影响非常有限。如当 $\alpha_b = 0.5$ 和 $\sigma = 0.5$ 时,100个周期后平台用户量集中度指数为0.7996,而当 σ 增加到1和2时,集中度指数分别减小到0.7687和0.6889。而当 $\alpha_b = 2$ 时,市场集中度几乎不因平台差异化程度而变化,此时对应的用户市场集中度指数分别为0.8354、0.8284和0.8200。平台差异化的主要特点是替代性的减少抑制了外部竞争,同时也降低了消费者对价格的敏感度,从而使平台拥有更大的定价权。因此,当间接网络效应很强时,即使在平台差异化程度较大的情况下,平台也会更加大胆地定价。表6.3列出的平台用户数量的集中度极限指数同样验证了以上结论。

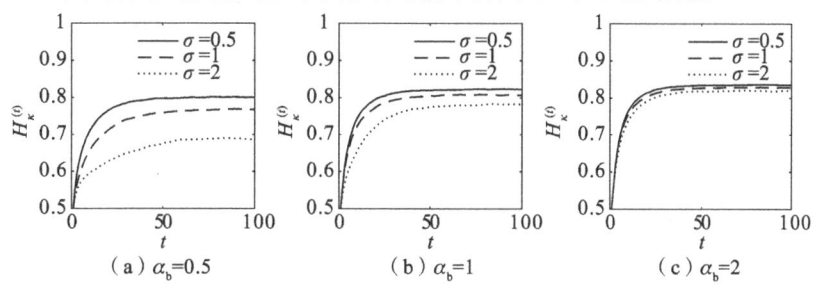

图6.6 平台用户集中度指数的动态路径

6.3.3 网络效应和平台质量的相互影响

上述分析表明,市场集中度随质量边际效用和间接网络效应的增大都有所提高,但随平台差异化程度有所下降。在没有网络效应的情况下,除了质量边际效用较大、平台差异化程度较低外,在大多数情况下,产业结构趋于分散。一方面,随着质量边际效用的增加,平台会投入更多成本,以获得领先地位,导致市场集中,一个平台占据了大部分市场。另一方面,在缺乏内在价值的情况下,网络效应的强弱是影响市场结构和平台决策的关键。市场集中度随着网络效应的增强而提高,价格竞争也更加激烈。因此,现在的问题是:当内在价值和网络价值并存时,会出现什么样的均衡市场结果?如下文所示,当两个因素同时存在时,市场会比在任一单一因素的作用下更加集中。

图 6.7 对比了在不同产品边际效用和间接网络效应强度下,只有平台内在价值、只有平台网络价值以及平台内在价值和网络价值共存三种不同情况下的市场集中度动态路径。结果表明,当内在价值和网络价值并存时,即使产品的边际效用很小,市场也会更加集中。表 6.4 中,当 α_b 和 γ 均为正时,与其他情况相比,$H_\omega^{(\infty)}$ 和 $H_\kappa^{(\infty)}$ 都显著增大。其原因是,在间接网络效应下,即使两个平台的内在价值起初完全相同,但内在价值的存在也会放大由用户基数不对称所导致的增长潜力和盈利能力的不对称。为了说明这一点,我们研究了平台随时间的策略演变。图 6.8 描绘了从状态 (0, 0; 0, 0) 开始的 100 个周期内均衡投资和定价策略的演变。可以看到,无论是平台质量还是网络效应的存在,都会带来一场更为激烈的市场抢占竞争,即平台在初期为了获得市场份额而进行更大的投资和制定更低的价格。

第6章 双边平台动态定价与投资策略

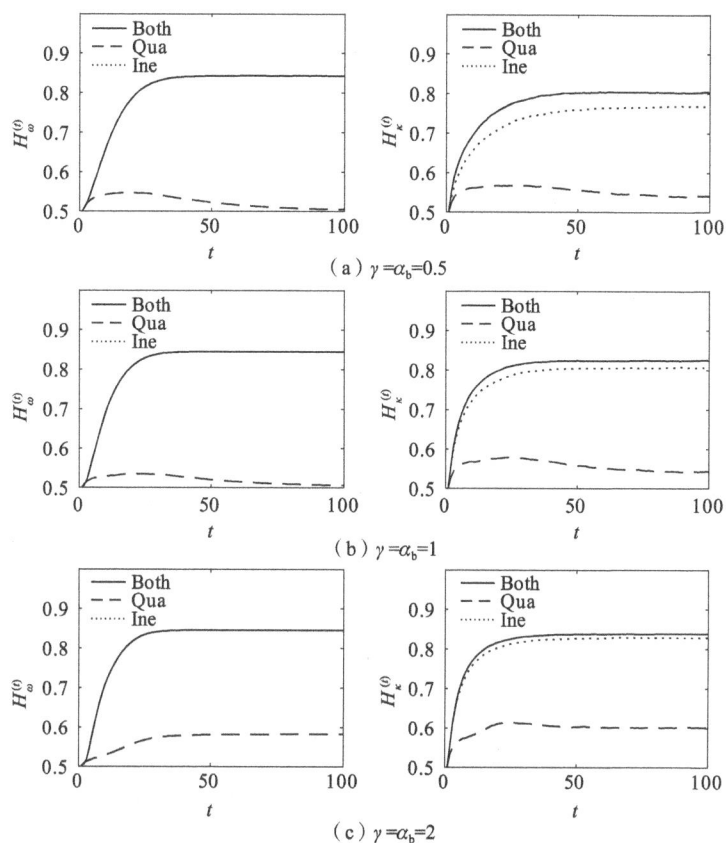

图6.7 市场集中度指数的动态路径

注：Both 表示网络价值和内在价值同时存在；Qua 表示只有内在价值；Ine 表示只有网络价值。

表6.4 极限赫芬达尔指数

参数	$\gamma = \alpha_b = 0.5$			$\gamma = \alpha_b = 1$			$\gamma = \alpha_b = 2$		
	Both	Qua	Ine	Both	Qua	Ine	Both	Qua	Ine
$H_\omega^{(\infty)}$	0.8429	0.5015	—	0.8531	0.5115	—	0.9453	0.5873	—
$H_\kappa^{(\infty)}$	0.8064	0.5342	0.7687	0.8249	0.5360	0.7716	0.9341	0.6058	0.8274

注：Both 表示网络价值和内在价值同时存在；Qua 表示只有内在价值；Ine 表示只有网络价值。

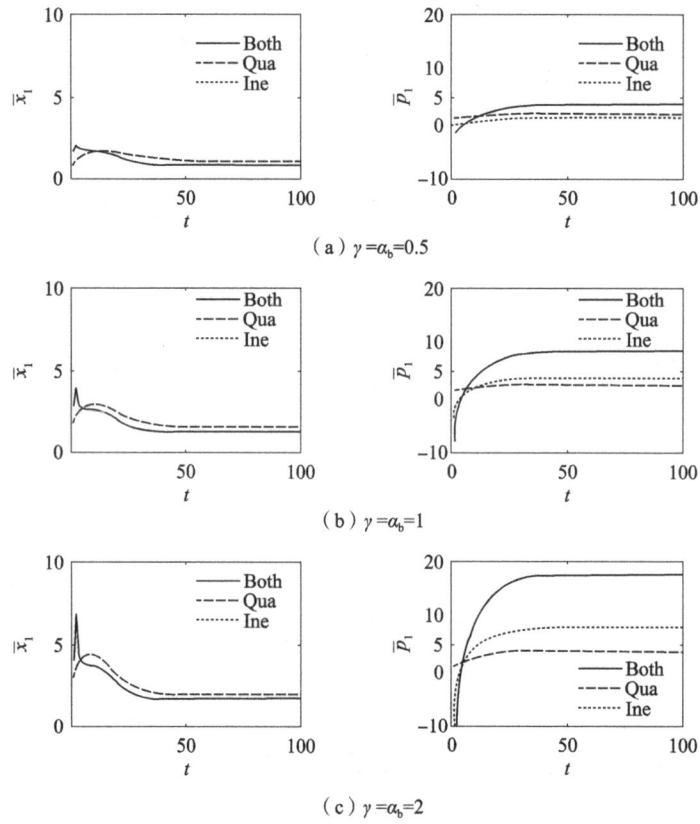

图 6.8 均衡策略的动态路径

注：Both 表示网络价值和内在价值同时存在；Qua 表示只有内在价值；Ine 表示只有网络价值。

6.3.4 平台质量优势和先发优势作用分析

本小节试图回答以下问题：在动态竞争中，是初始用户优势还是质量优势驱动一个平台的长期成功？

初始用户优势可能来自平台的先发策略或消费者的优先选择，质量的初始优势可能反映平台的研发支出和能力。如果更高质量需要一定的时间成本,那么选择先发策略或选择延迟进入市场,以提高平台质量就成了一个关键的权衡。传统观点认为,具有网络效应的市场往往表现出过度的惯性,消费者偏向于市场中的先发平台,因此,可能出现低质量平台获得市场支配地位的情况(Clements and Ohashi, 2005; Castillo et al., 2011)。在本章的模型中,质量优势和先发优势的影响被质量的边际效用、间接网络效应的强度和平台差异化所调节。如前文所述,市场结构特征随原始参数的不同而变化。本部分研究在不同的市场特征下,质量和用户基础优势如何影响平台之间的竞争。

首先,我们分别考虑了平台 1 获得初始用户优势和平台 2 获得初始质量优势的两种情况;然后,综合考虑了平台 1 获得先发优势和平台 2 同时具备质量优势的情况。与之前一致,模型计算运行 5000 次,每次运行包含 100 个周期,最后统计平均市场结果。

图 6.9 和图 6.10 显示了先发优势和质量优势对市场份额、长期平台质量和平台总利润的影响。结果显示,在不同质量边际效用和间接网络效应下,初始用户优势和质量优势都可以极大地推动平台的成功。平台 1 的市场份额和利润随其自身初始用户优势的增加而增加,随平台 2 质量优势的增加而减少(见图 6.9)。

例如,若平台 1 具有初始用户优势 $\kappa_{10} = 1$(相当于总市场份额的 10%),当 $\alpha_b = 1$,$\gamma = 0.5$ 时,平台 1 在 100 个周期后的平均市场份额为 91.09%。对于初始的质量优势 $\omega_{20} = 1$,当 $\alpha_b = 1$,$\gamma = 0.5$ 时,平台 2 的平均市场份额为 81.51%。结果表明,间接网络效应的增强放大了初始用户优势,而质量边际效用的增大也增强了初始质量优势的作用。例如,当 $\gamma = 1$,$\alpha_b = 0.5$ 时,平台 1 的平均市场占有率从无用户优势时的 49.5% 上升到初始用户优势 $\kappa_{10} = 1$ 时的 81.85%,100 个周期的利润总额数值相应地从 3.47 上升到 13.12。当 $\gamma = 1$,$\alpha_b = 1$ 时,市场占有率和利润总额数值分别上升到 93.19% 和 28.71。这一现象表明，间接网络效应越强，初始用户优势的作用越大。同样地，随着质量边际效用的增加，质量优势对平台 2 的成功有更大的影响。此外，结果还表明，间接网络效应的增强放大了质量优势的效应，质量边际效用也会放大用户优势的效应。出现这种交叉的相互影响的主要原因是市场结构随着不同的市场特征而变化。回顾 6.3.3 小节中，随着间接网络效应或质量边际效用的增加，市场变得更加集中，因此，具有优势的平台对消费者更加具有吸引力。

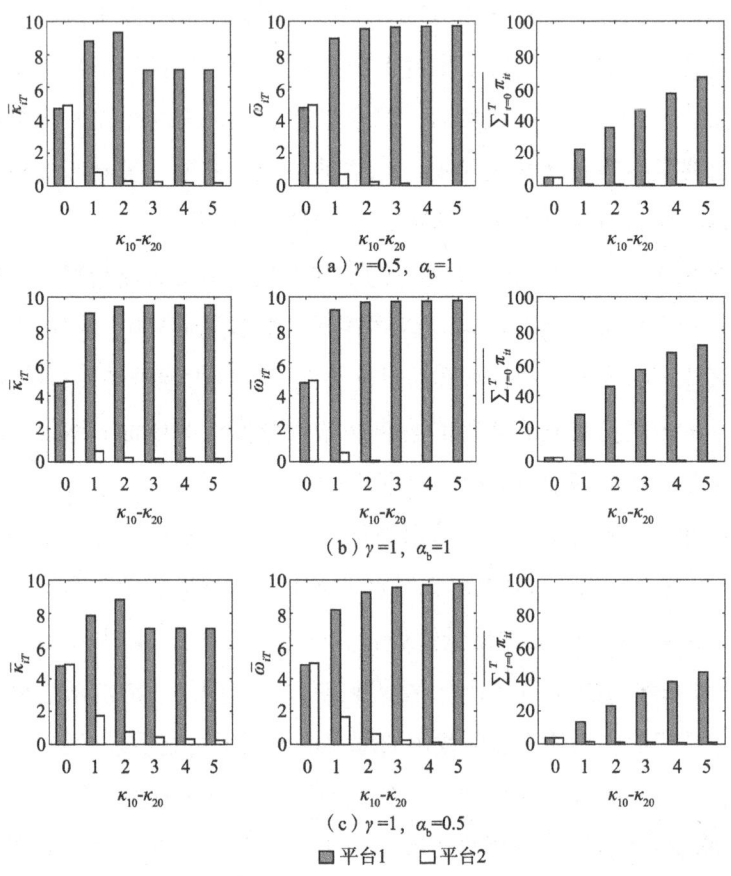

图 6.9　不同质量边际效用和网络外部性下先发优势对平台 1 的影响

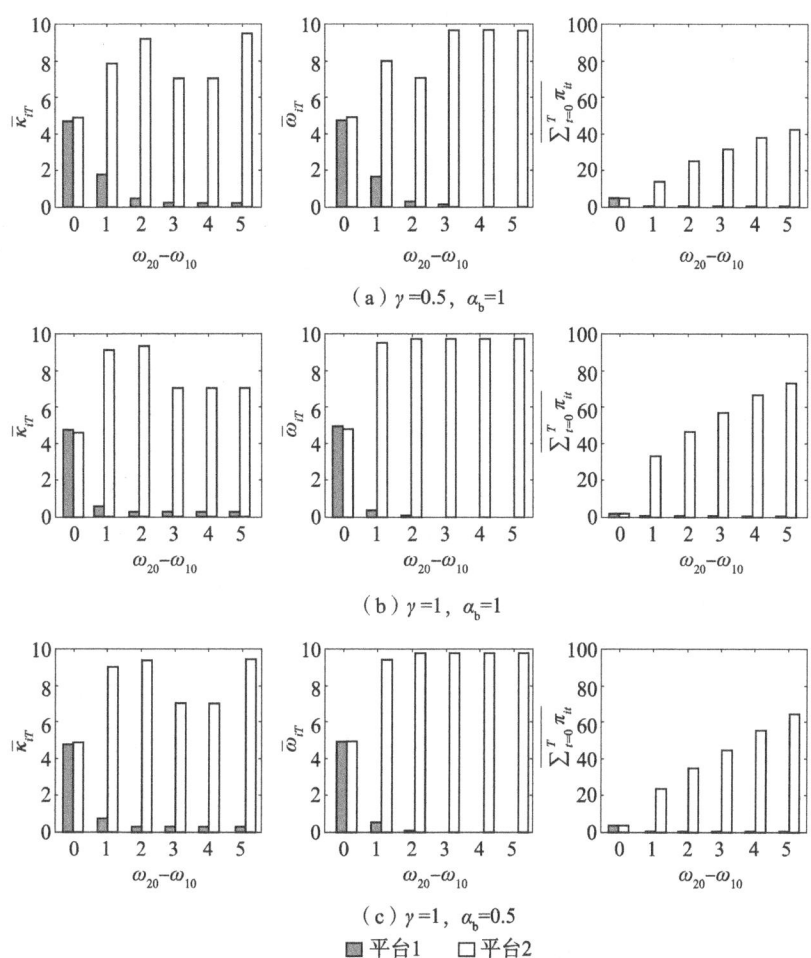

图 6.10 不同质量边际效用和网络外部性下质量优势对平台 2 的影响

此外，我们发现，最终平台质量与市场占有率高度正相关，这与之前的研究结论——低质量产业会因为先发优势而主导市场相反。研究表明，在动态竞争中，平台质量与用户数量是动态互动的。具有先发优势的平台，即使在初期质量落后，但由于竞争的动态特性，平台质量也会不断提高。质量与市场占有率的相关性表明，在产品质量和间接网络效应的共同作用下，市场往往高度集中，没有单一因素能够长期使平台垄断市场。

图6.11和图6.12说明了不同平台差异化水平下的相应结果。结果表明，随着差异化水平的提高，先发优势和质量优势的作用会逐渐减弱。在平台差异化程度较低的情况下，具有先发优势或质量优势的平台从长远来看可以获得主导市场份额。而随着平台差异化程度的提高，落后的平台仍然能够以相对较小的市场份额和较低的质量生存。例如，当$\sigma=2$时，一个落后的平台面对一个具有先发优势的竞争对手时（$\kappa_0=2$），从长远来看，它仍然可以占据12.20%的市场份额，如图6.11（c）所示，这表明平台差异化程度高是市场对称的必要条件。此外，研究还发现，平台差异化会侵蚀两个平台的总利润，如图6.11和图6.12第三列所示。由于较高程度的差异性削弱了平台间的竞争，从而导致的利润下降似乎不合常理，仔细研究竞争的动态过程会发现，对于更低程度的平台差异化，具有初始优势的平台将更快地占领市场，这增强了平台获取锁定消费者的能力，而不会为了占据市场支配地位去进行激烈的价格竞争或过度的投资，从而会扩大平台的总体获利空间。

为了同时研究初始用户和平台质量优势的价值，本小节分析了不同市场特征下质量和用户优势对平台利润的影响，结果如图6.13所示。图中数据表示在给定初始优势和不同的间接网络效应强度及质量边际效用时，平台1（左图）和平台2（右图）的总利润。结果表明，即使是相当小的初始用户或质量优势，也会带来较大的利润增长；平台1的利润随自身用户优势的增大而增加，随平台2质量优势的增加而减少；同样地，平台2的利润随平台1用户优势的增大而减少，随自身质量优势的增大而增加。此外，平台1由于用户基数优势带来的利润增长，随间接网络效应的增强而增大，但随质量边际效用的增加而减小。例如，当平台1的用户优势为 $\kappa_1 = 2$，平台2的质量优势为 $\omega_2 = 1$，$\gamma = \alpha_b = 1$ 时，平台1的利润为20.62，是初始对称情况时的9.08倍，平台2的利润接近于0；当间接网络效应强度降低到0.5时，平台1的利润下降到2.56；当质量边际效用降低到0.5时，平台1的利润上升到30.95。同样，平台2的质量优势带来的利润增加随质量边际效用的增加而增大，随间接网络效应的增强而减小。

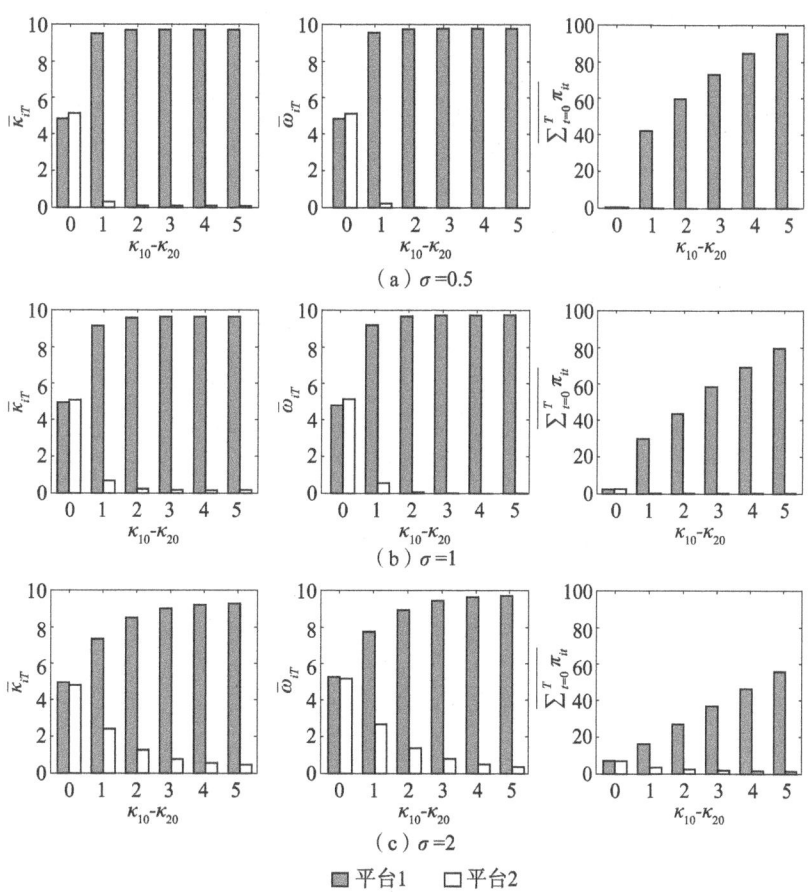

图6.11 不同平台差异化程度下先发优势对平台1的影响

数字平台增值服务运作管理决策研究

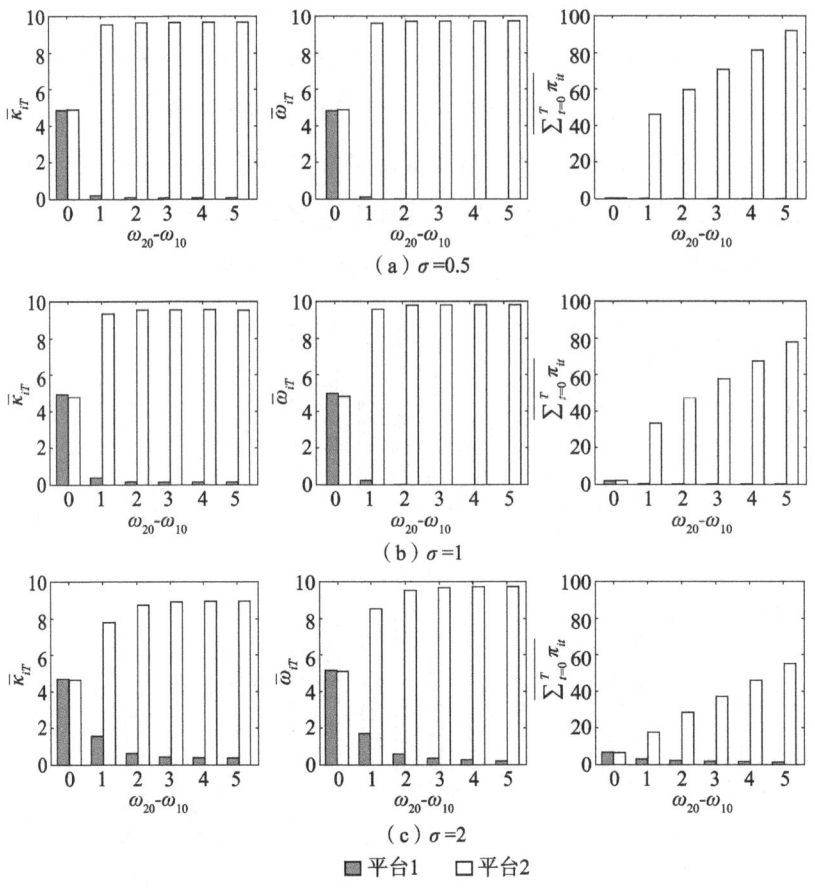

图6.12 不同平台差异化程度下质量优势对平台2的影响

研究还发现，在质量边际效用和间接网络效应不同的情况下，相同的初始优势会导致不同的市场结果。当间接网络效应占主导地位（如 $\alpha_b=1$，$\gamma=0.5$）时，即使平台2具有较大的质量优势，平台1在大多数情况下也会获胜；相反，平台2只有在平台1不占据用户优势的情况下才能取胜，即使它具有了较大的质量优势。我们称这种市场为网络效应驱动型市场。而当平台由质量驱动（如 $\gamma=1$，$\alpha_b=0.5$）时，只有在平台2没有质量优势的情况下，平台1才会占据更大的市

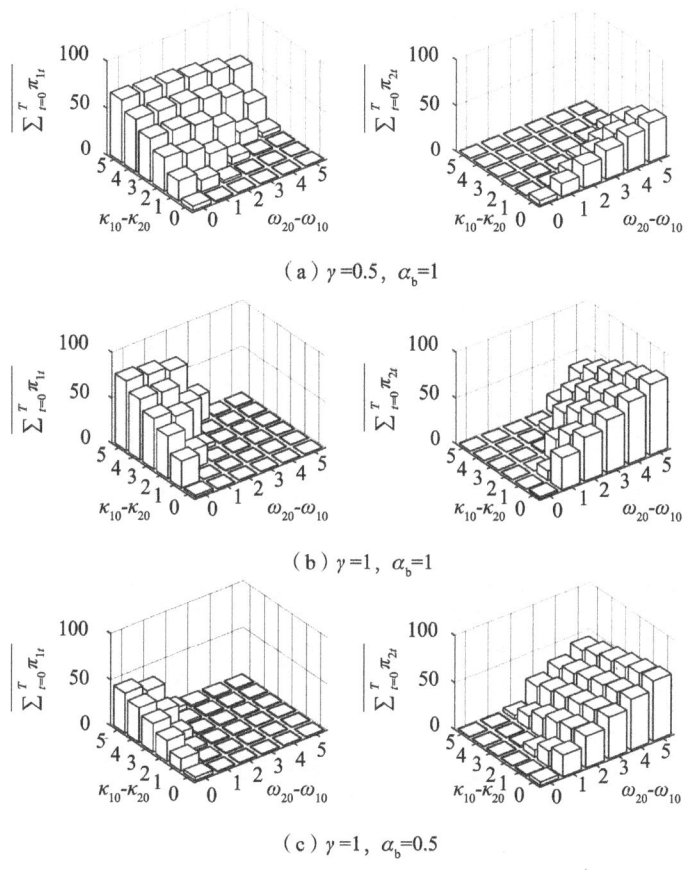

图6.13 不同质量优势和用户优势下平台1和平台2的利润

场。当质量的边际效用与网络效应的强度相当时,平台2成功的机会更大,这表明当平台的内在价值和网络价值相同时,平台应该更加重视质量,因为提高质量会带来更多的利润。其原因在于用户优势和质量优势对平台竞争的影响机制不同。如6.3.3小节所述,在没有间接网络效应的情况下,平台的定价随着质量的提高而稳定增长;而在网络效应存在的情况下,平台在竞争初期会采取渗透定价策略,即前期会形成激烈的价格竞争,对平台利润增长不利。

6.4 案例讨论与管理启示

平台在动态竞争中，应该充分认识产业状态和市场特性，制定有针对性的竞争策略，单纯地提升产品质量或者降价有时并不能带来更多利益。例如，操作系统可以看作连接用户和软件开发商的双边平台，通常由于成本限制，用户只使用某一种操作系统，而软件开发商通常可以较小的边际成本为多个平台开发应用程序，这个特征符合本章的模型设定。目前，占据操作系统市场主导地位的无疑是微软，Windows 操作系统的成功普遍被认为得益于其庞大的软件数量（Rochet and Tirole，2003）。特别是微软对软件开发商进行了大量投资，通过向开发者提供开发工具来帮助其在 Windows 操作系统上开发应用并降低开发成本，而其竞争对手苹果（Apple）没有投资类似微软的集成开发工具（Rochet and Tirole，2003；Evans，2003）。再加上 Windows 计算机较低的价格，使得 20 世纪 90 年代中期微软 Windows 赢得了大部分市场份额。苹果一直在努力通过开发新产品保留市场份额，1997 年，乔布斯重返苹果担任 CEO，1998 年 8 月，平台发布新型半透明 iMac，并且投入大量广告，取得了较好的市场反应。苹果通过宣传其美学设计理念、安全性以及年轻、前卫、独立的亚文化，将苹果的品牌形象从一家计算机制造商扭转为一家消费电子产品设计公司。通过这种质量的提升培育了一批高品牌忠诚度的用户，使得苹果能始终占据一定的市场。尽管苹果依靠产品质量在市场中生存了下来，但要打入 Windows 的主流市场仍然非常困难。苹果的质量投资在竞争中发挥了一定的作用，但 Windows 远比苹果更早地建立了大得多的开发者和客户群体，这种优势会将苹果挤出主流市场。相比之下，尽管拥有一部分高忠诚度用户使苹果存活下来，但其力量较弱，无法扭转整体竞争局势。

对比而言，服务器操作系统出现了与个人操作系统不同的多平台共存现象。服务器操作系统主要在服务器端使用，用于满足局域网的计算需求，优化网络上的工作流程。服务器操作系统中用户对于软件数量的偏好没有个人操作系统明显，因此间接网络效应强度较低。Linux 目前是服务器操作系统的主导者，微软 WindowsNT 是其主要竞争对手。Linux 作为开源系统，以安全稳定、成本低及可定制的特点著称。由于服务器为一组用户提供服务，因此安全问题以及稳定性在网络服务器中比在个人计算机中更为重要。而且在大多数组织中，购买何种操作系统主要由专业技术人员组成的信息技术部门决定，技术人员的学习曲线不如一般个人用户陡峭，Linux 可定制的特性使专业用户可以自由修改系统，以满足特定需求。此外，许多组织特别是中小型组织都有预算限制，从而需求弹性较大。综合这些因素，使得 Linux 在网络操作系统中占据可观的市场份额。另外，也有一部分用户因为更倾向于操作系统的易用性而偏好微软的 WindowsNT。因此，这两个平台在市场中都拥有一部分用户群体，即在市场竞争中共存。

在双边市场中，大多数成功的企业都是以某种方式将市场的双边用户聚集在一起而获得成功。例如，微软通过与计算机制造商合作来积累用户，同时在帮助软件公司利用 Windows 平台开发应用程序上投入了大量资金，从而形成了一个积极的反馈循环。在间接网络效应的作用下，软件公司为 Windows 开发的应用越多，吸引的用户就越多；使用 Windows 的用户越多，软件公司就越愿意为 Windows 开发应用。一旦建立了正反馈效应，市场进入者将很难打破竞争壁垒。对于一些双方都是多归属的双边市场，例如信用卡市场，市场进入者如果能够处理好"鸡和蛋"的问题而吸引双边用户同时参与进来,就能够生存下来。但对于那些至少有一边用户为单归属的双边市场来说,市场进入者要引进针对同一市场的新产品就必须取代现有产品,长期来看共存的可能性非常小。这对于新进入市场的平台而言,并不是一个简单的具有产品质量优势就可以克服的问题,从对操作系统竞争的分析中可以看出,市场两边现有的用户基础和它们之间的间接网络效应有时是更具决定性的因素,而大多数市场进入者通常缺乏用户基础。因此,新进入平台首先要考虑的问题不是赢得市场,而是必须想办法通过避免正面竞争先生存下来。

本节所得出的结果表明,为了避免正面竞争,新进入者可以通过差异化的产品创新与现有平台区分开来。Christensen(1997)区分了两种基本的创新类型。第一种类型称为"持续创新"(Sustaining Innovation),当公司致力于向现有市场中要求较高的客户销售更好或更有利的产品时,就会出现这种情况。例如,苹果为 iMac 配备了更多的高级功能和更佳的质感,以吸引高净值用户。然而,Christensen 认为,如果市场进入者从这个角度发力,在位者几乎总是占上风。本节的研究结果表明,在双边市场下尤其如此,平台的质量与用户数量往往是动态协同增长的,优势平台也在不断提升质量,对于一个市场进入者来说,持续地创新远远不够,在位者为了保持市场地位也在持续地创新,而且在位者可以用更强的资源发动反击。这种持续的创新可能以某种方式改变竞争的动态过程,但很难在激烈的竞争中影响最终的结果。第二种类型称为"颠覆性创新"(Disruptive Innovations),其目标是当前市场上要求较低的客户,甚至是全新市场,基于此,一个市场进入者在双边市场中尤其应该关注差异化策略。例如,Linux 通过引入开源操作系统吸引了服务器操作系统用户群体,这使其能够在细分市场中生存下来,只要用户数量达到一定规模,再加上另一方的多归属性质,就会形成自己的正反馈效应。因此,通过差异化策略逐步形成正反馈效应通常可以保证新进入平台维持一定的市场份额,甚至颠覆市场主导地位。

6.5 小　结

本章建立了一个考虑平台质量和网络效应的双边市场动态竞争模型。平台根据不同的产业特征和市场结构做出动态最优决策。研究发现,决定平台成功与否的关键因素是平台的产业特征和初始优势。本章得出了几个具有管理意义的结论。

(1)平台质量与用户数量的关系。传统的双边市场经济理论一般认为竞争平台的质量无差异,发现网络效应和相应的路径依赖效应在市场演化中具有重要作用。因此,一个内在质量较差的平台,只要获得足够大的用户基数,就能主导市场。然而,我们的研究结果表明,平台的先发优势并不一定能推动其成功。相反,一个有效的策略应该是平衡早期平台发布所带来的先发优势和延迟发布可能带来的质量改进,从而对增长潜力产生积极影响。影响这种权衡的关键因素是市场的产业特性,即质量的边际效用、间接网络效应的强度和平台间的差异化程度。研究结果表明,平台成功的驱动因素在不同的情况下是不同的,当质量的边际效用显著大于(小于)间接网络效应的强度时,成功是由质量(用户基数)优势驱动的;而当边际效用和间接网络效应相当时,质量优势则成为推动平台成功的首要因素。

(2)竞争的动态性。许多研究认为,网络效应会导致劣质的平台主导市场的低效均衡(如 Schilling,2002)。本章的研究结果表明,从长期来看,平台用户数量的增长与平台质量的提高之间存在着显著且正向的关系。这种协同增长路径表明，对于平台来说，最重要的是根据市场特点制定合理的发布策略，将质量和先发策略相结合，特别是要提升与网络效应相关的平台质量属性。

（3）提升平台价值的策略。研究结果表明，当平台的内在价值和网络价值并存时，市场趋于高度集中，但这并不意味着具有先发优势或质量优势的平台必然成为最后的在位者。根据不同的产业特点，运用适当的策略可以改变平台的市场地位。根据本章的分析，至少可以从三个方向进行努力。第一，通过增加前期投资和消费者教育，可以提高潜在用户对平台的内在价值的评价。第二，通过制定适当的价格和增强网络效应，或者降低实现长期增长所需的临界内在价值，可以加速平台用户的增长。第三，平台差异化战略可以帮助落后的平台维持生存，失去初始优势的平台可以通过开发新的功能来吸引用户，甚至扭转市场地位。

第7章 总结与展望

7.1 总　结

数字平台的发展模式在信息技术高速发展的今天得到了越来越广泛的应用。然而行业的不断发展必然会带来同行业内部企业间的竞争，如何在不断加剧的竞争中建立并保持自身的优势，提高自身竞争力，是每个平台企业都需要面对并解决的问题。

本书分别探讨了单边用户、双边用户增值服务投资和定价策略，以及在单边用户内部存在负向网络外部性和双边用户先后进入平台的情形下，数字平台的增值服务投资策略和对双边用户的收费策略；并在此基础上探讨了增值服务的开发对数字平台运作决策的一系列影响，投资成本在不同情形下对平台最优收费策略的影响，以及在进行增值服务投资的前提下，平台对用户收费或者补贴的条件等问题。

研究结果表明，在数字平台中，双边用户的交叉网络外部性强度衡量了双边用户对于平台的相对重要性程度。对平台来说更为重要的一边用户，平台应减少对该类用户的收费，从而利用这部分用户的重要性为另一边用户通过交叉网络外部性创造更大的效用，促进另一边用户数量的增加，从而使平台通过扩大总体用户规模来获取更高的利润。当增值服务仅增加单边用户的效用时，平台在增值服务投资之后会增加对得到服务投资的用户的收费；而当未得到服务投资的用户通过交叉网络外部性间接获得更多的好处时，平台会增加对该类用户的收费。当平台投资的增值服务同时增加双边用户的效用时，如果双边用户之间的交叉网络外部性强度差距较大，那么，投资效应将不影响平台收费策略的制定；而如果双边用户之间的交叉网络外部性强度差距较小，用户的边际投资效用或者增值服务的边际投资成本都可能成为平台最优收费策略的主导因素。单边用户群体内部负向的网络外部性强度的增加会促使平台降低增值服务投资水平，而对平台的收费策略既可能产生正向的影响，也可能产生负向的影响。双边用户先后进入平台时，进行增值服务投资之后，平台会增加对后进入平台的用户的收费，而可能增加也可能减少对先进入平台的用户的收费。

本书创新点主要体现在以下方面：

（1）分析具有双边市场特性的平台企业如何通过价格策略之外的增值服务投资策略来提升自身竞争力；且根据现实中增值服务类型的不同，分别探讨针对不同类型的增值服务，平台的最优投资策略和定价策略。

（2）考虑单边用户群体内部的竞争因素。将数字平台单边用户群体内部用户之间负向的网络外部性融入决策模型，深入探讨用户内部负向的网络外部性如何通过用户群体之间的交叉网络外部性以及投资成本等因素影响平台增值服务投资策略。

（3）以现实背景为依托，在考虑用户内部负向网络外部性的基础上，分析双边用户按先后顺序进入平台时，数字平台的增值服务投资策略；并重点分析了用户先后进入平台对增值服务投资策略的影响。

7.2　局限及未来研究展望

本书致力于探讨数字平台通过增值服务投资来增加用户粘性或者扩大用户规模，从而提升自身市场竞争力的投资策略和收费策略。尽管在问题的分析中，考虑了平台投资的不同情形以及不同类型的增值服务，但相关研究仍然有许多有待进一步完善之处。

（1）本书中平台对用户收取的是一次性进入平台的费用，而当平台采用不同的收费结构，例如向用户按一定的比例收取交易费，或者在收取进入费的基础上再收取一定的交易费时，平台对用户的增值服务投资策略和收费策略分别应当如何也是非常具有研究价值的问题。

（2）本书的分析是基于垄断性数字平台，当数字平台面对市场份额的竞争或者价格竞争时，平台企业如何通过增值服务投资在竞争环境下获取更大的市场份额和更多的利润同样是较为值得研究的问题。

（3）增值服务的投资风险问题也值得深入研究。当数字平台企业面对不同的投资风险时，应当如何衡量服务投资风险，如何根据所面临的风险制定不同的投资策略，才能有效地规避风险，并能给平台带来用户规模的提升和利润的增加。

参考文献

[1] ADIDA E, DEY D, MAMANI H. Operational Issues and Network Effects in Vaccine Markets [J]. European Journal of Operational Research, 2013, 231 (2): 414-427.

[2] AFFELDT P, FILISTRUCCHI L, KLEIN T J. Upward Pricing Pressure in Two-sided Markets [J]. The Economic Journal, 2013, 123 (572): 505-523.

[3] ANDERSON Jr E G, PARKER G G, TAN B. Platform Performance Investment in the Presence of Network Externalities [J]. Information Systems Research, 2013, 25 (1): 152-172.

[4] ANDERSON S P, COATE S. Market Provision of Broadcasting: A Welfare Analysis [J]. Review of Economic Studies, 2005, 72 (4): 947-972.

[5] ARMSTRONG M, WRIGHT J. Two-sided Markets, Competitive Bottlenecks and Exclusive Contracts [J]. Economic Theory, 2007, 32 (2): 353-380.

[6] ARMSTRONG M. Competition in Two-sided Markets [J]. RAND Journal of Economics, 2006, 37 (3): 668-691.

[7] BELLEFLAMME P, PEITZ M. Platform Competition and Seller Investment Incentives [J]. European Economic Review, 2010, 54 (8): 1059-1076.

[8] BELLEFLAMME P, TOULEMONDE E. Negative Intra-group Externalities in Two-sided Markets [J]. International Economic Review, 2009, 50 (1): 245-272.

[9] BEN-ARIEH D, EASTON T, CHOUBEY A M. Solving the Multiple Platforms Configuration Problem [J]. International Journal of Production Research, 2009, 47 (7): 1969-1988.

[10] BERGENDAHL G. Models for Investment in Electronic Commerce-Financial Perspectives with Empirical Evidence [J]. Omega, 33 (4): 363-376.

[11] BOLT W, TIEMAN A F. Heavily Skewed Pricing in Two-sided Markets [J]. International Journal of Industrial Organization, 2008, 26 (5): 1250-1255.

[12] BOUDREAU K J, HAGIU A. Platform Rules: Multi-sided Platforms as Regulators [C] //GAWER A. Platforms, Markets and Innovation. London: Edward Elgar, 2009: 163-191.

[13] BOUDREAU K J. Open Platform Strategies and Innovation: Granting Access vs. Devolving Control [J]. Management Science, 2010, 56 (10): 1849-1872.

[14] CABRAL L. Dynamic Price Competition with Network Effects [J]. Review of Economic Studies, 2011 (78): 83-111.

[15] CAILLAUD B, JULLIEN B. Chicken & Egg: Competition Among Intermediation Service Providers [J]. RAND Journal of Economics, 2003, 34 (2): 309-328.

[16] CHANDRA A, COLLARD-WEXLER A. Mergers in Two-sided Markets: An Application to the Canadian Newspaper Industry [J]. Journal of Economics & Management Strategy, 2009, 18 (4): 1045-1070.

[17] CHAO Y, DERDENGER T. Mixed Bundling in Two-sided Markets in the Presence of Installed Base Effects [J]. Management Science, 2013, 59 (8): 1904-1926.

[18] CHEN C, WANG L. Product Platform Design Through Clustering Analysis and Information Theoretical Approach [J]. International Journal of Production Research, 2008, 46 (15): 4259-4284.

[19] CHEN F, HUANG J. A Study on the Degree of Product Differentiation of the Platform and the Pricing Strategy in Two-sided Markets [J]. Review of Industrial Eco-

nomics, 2015 (2): 2.

[20] CHEN J. How do Switching Costs Affect Market Concentration and Prices in Network Industries? [J]. Journal of Industrial Economics, 2016 (64): 226 – 254.

[21] CHEN J. Switching Costs and Network Compatibility [J]. International Journal of Industrial Organization, 2018 (58): 1 – 30.

[22] CHEN J, DORASZELSKI U, HARRINGTON Jr J E. Avoiding Market Dominance: Product Compatibility in Markets with Network Effects [J]. The RAND Journal of Economics, 2009 (40): 455 – 485.

[23] CHRISTENSEN C. The Innovator's Dilemma: When New Technologies Cause Great Firms to Fail [M]. Boston: Harvard Business School Press, 1997.

[24] CLEMENTS M T, OHASHI H. Indirect Network Effects and the Product Cycle: Video Games in the US, 1994 – 2002 [J]. The Journal of Industrial Economics, 2005, 53 (4): 515 – 542.

[25] DORASZELSKI U, SATTERTHWAITE M. Computable Markov-Perfect Industry Dynamics [J]. The RAND Journal of Economics, 2010 (41): 215 – 243.

[26] DUBÉ J-P H, HITSCH G J, CHINTAGUNTA P K. Tipping and Concentration in Markets with Indirect Network Effects [J]. Marketing Science, 2010 (29): 216 – 249.

[27] ECONOMIDES N, KATSAMAKAS E. Two-sided Competition of Proprietary vs. Open-source Technology Platforms and the Implications for the Software Industry [J]. Management Science, 2006, 52 (7): 1057 – 1071.

[28] ELLISON G D, FUDENBERG D. Knife-Edge or Plateau: When Do Market Models Tip? [J]. The Quarterly Journal of Economics, 2003, 118 (4): 1249 – 1278.

[29] ERICSON R, PAKES A. Markov-Perfect Industry Dynamics: A Framework for Empirical Work [J]. The Review of Economic Studies, 1995 (62): 53 – 82.

[30] EVANS D S. Some Empirical Aspects of Multi-sided Platform Industries [J]. Review of Network Economics, 2003, 2 (3): 191 – 209.

[31] EVANS D S, SCHMALENSEE R. The Industrial Organization of Markets with Two-si-

ded Platforms [J]. National Bureau of Economic Research, 2007, 3 (1): 30.

[32] FARRELL J, SALONER G. Installed Base and Compatibility: Innovation, Product Preannouncements, and Predation [J]. The American Economic Review, 1986, 76 (5): 940 - 955.

[33] FILISTRUCCHI L, KLEIN T J. Price Competition in Two-sided Markets with Heterogeneous Consumers and Network Effects [J]. SSRN Electronic Journal, 2013 (20): 1 - 52.

[34] GABSZEWICZ J, WAUTHY X Y. Vertical Product Differentiation and Two-sided Markets [J]. Economics Letters, 2014, 123 (1): 58 - 61.

[35] GANDAL N, KENDE M, ROB R. The Dynamics of Technological Adoption in Hardware/software Systems: The Case of Compact Disc Players [J]. The RAND Journal of Economics, 2000: 43 - 61.

[36] GAWER A, CUSUMANO M A. Platform Leadership: How Intel, Microsoft, and Cisco Drive Industry Innovation [M]. Boston: Harvard Business School Press, 2002: 29 - 30.

[37] GRETZ R T. Hardware Quality vs. Network Size in the Home Video Game Industry [J]. Journal of Economic Behavior and Organization, 2010, 76 (2): 168 - 183.

[38] HAGIU A, HAŁABURDA H. Information and Two-sided Platform Profits [J]. International Journal of Industrial Organization, 2014 (34): 25 - 35.

[39] HAGIU A, SPULBER D. First-Party Content and Coordination in Two-sided Markets [J]. Management Science, 2013, 59 (4): 933 - 949.

[40] HAGIU A. Pricing and Commitment by Two-sided Platforms [J]. The RAND Journal of Economics, 2006, 37 (3): 720 - 737.

[41] HAGIU A. Two-sided Platforms: Product Variety and Pricing Structures [J]. Journal of Economics & Management Strategy, 2009, 18 (4): 1011 - 1043.

[42] HORN G, MARTIN K M, MITCHELL C J. Authentication Protocols for Mobile Network Environment Value-added Services [J]. Vehicular Technology, IEEE

Transactions on Vehicular Technology, 2002, 51 (2): 383 – 392.

[43] HOUSSOS N, GAZIS E, PANAGIOTAKIS S, et al. Value Added Service Management in 3G Networks [C] //Network Operations and Management Symposium. IEEE/IFIP, 2002: 529 – 544.

[44] JEON D S, ROCHET J C. The Pricing of Academic Journals: A Two-sided Market Perspective [J]. American Economic Journal: Microeconomics, 2010, 2 (2): 222 – 255.

[45] KAISER U, WRIGHT J. Price Structure in Two-sided Markets: Evidence from the Magazine Industry [J]. International Journal of Industrial Organization, 2006, 24 (1): 1 – 28.

[46] KATZ M L, SHAPIRO C. Technology Adoption in the Presence of Network Externalities [J]. Journal of Political Economy, 1986, 94 (4): 822 – 841.

[47] KIM N, SRIVASTAVA R K. Modeling Cross-price Effects on Inter-category Dynamics: The Case of Three Computing Platforms [J]. Omega, 2007, 35 (3): 290 – 301.

[48] KUCUKKOC I, ZHANG D Z. Simultaneous Balancing and Sequencing of Mixed-model Parallel Two-sided Assembly Lines [J]. International Journal of Production Research, 2014, 52 (12): 3665 – 3687.

[49] KUO Y F, WU C M, DENG W J. The Relationships among Service Quality, Perceived Value, Customer Satisfaction, and Post-purchase Intention in Mobile Value-added Services [J]. Computers in Human Behavior, 2009, 25 (4): 887 – 896.

[50] LEE D, MENDELSON H. Divide and Conquer: Competing with Free Technology under Network Effects [J]. Production and Operations Management, 2008, 17 (1): 12 – 28.

[51] LI L X, CHAI Y T, LIU Y. Inter-group and Intra-group Externalities of Two-sided Markets in Electronic Commerce [J]. Journal of Service Science and Management, 2011, 4 (1): 52 – 58.

[52] LIN M, LI S, WHINSTON A B. Innovation and Price Competition in A Two-sided

Market [J]. Journal of Management Information Systems, 2011, 28 (2): 171 - 202.

[53] MARKOVICH S. Snowball: A Dynamic Oligopoly Model with Indirect Network Effects [J]. Journal of Economic Dynamics and Control, 2008 (32): 909 - 938.

[54] MARKOVICH S, MOENIUS J. Winning while Losing: Competition Dynamics in the Presence of Indirect Network Effects [J]. International Journal of Industrial Organization, 2009 (27): 346 - 357.

[55] MASKIN E, TIROLE J. A Theory of Dynamic Oligopoly, III: Cournot Competition [J]. European Economic Review, 1987, 31 (4): 947 - 968.

[56] MASKIN E, TIROLE J. A Theory of Dynamic Oligopoly, I: Overview and Quantity Competition with Large Fixed Costs [J]. Econometrica, 1988a, 56 (3): 549 - 569.

[57] MASKIN E, TIROLE J. A Theory of Dynamic Oligopoly, II: Price Competition, Kinked Demand Curves, and Edgeworth Cycles [J]. Econometrica, 1988b, 56 (3): 571 - 599.

[58] MCINTYRE D P. In a Network Industry, Does Product Quality Matter? [J]. Journal of Product Innovation Management, 2011, 28 (1): 99 - 108.

[59] MUSSA M, ROSEN S. Monopoly and Product Quality [J]. Journal of Economic Theory, 1978, 18 (2): 301 - 317.

[60] NOCKE V, PEITZ M, STAHL K. Platform Ownership [J]. Journal of the European Economic Association, 2007, 5 (6): 1130 - 1160.

[61] PAKES A, MCGUIRE P. Computing Markov-Perfect Nash Equilibria: Numerical Implications of a Dynamic Differentiated Product Model [J]. The RAND Journal of Economics, 1994 (25): 555.

[62] PARKER G, VAN ALSTYNE M. Innovation, Openness, and Platform Control [C] //Proceedings of the 11th ACM Conference on Electronic Commerce, 2010: 95 - 96.

[63] PARKER G, VAN ALSTYNE M. Two-sided Network Effects: A Theory of Information Product Design [J]. Management Science, 2005 (51): 1494-1504.

[64] RASCH A, WENZEL T. Piracy in a Two-sided Software Market [J]. Journal of Economic Behavior & Organization, 2013 (88): 78-89.

[65] ROCHET J C, TIROLE J. Cooperation Among Competitors: Some Economics of Payment Card Associations [J]. The Rand Journal of Economics, 2002, 33 (4): 549-570.

[66] ROCHET J C, TIROLE J. Platform Competition in Two-sided Markets [J]. Journal of the European Economic Association, 2003, 1 (4): 990-1029.

[67] ROCHET J C, TIROLE J. Two-sided Markets: A Progress Report [J]. The RAND Journal of Economics, 2006, 37 (3): 645-667.

[68] RYSMAN M. The Economics of Two-sided Markets [J]. Journal of Economic Perspectives, 2009, 23 (3): 125-143.

[69] SCHIFF A. Open and Closed Systems of Two-sided Networks [J]. Information Economics and Policy, 2003, 15 (4): 425-442.

[70] SCHILLING M A. Technology Success and Failure in Winner-take-all Markets: The Impact of Learning Orientation, Timing, and Network Externalities [J]. Academy of Management Journal, 2002, 45 (2): 387-398.

[71] SCHINDLER D, SCHIELDERUP G. Profit Shifting in Two-sided Markets [J]. International Journal of the Economics of Business, 2010, 17 (3): 373-383.

[72] TELLIS G J, NIRAJ Y R. Does Quality Win? Network Effects Versus Quality in High-tech Markets [J]. Journal of Marketing Research, 2009, 46 (2): 135-149.

[73] TOMAK K, KESKIN T. Exploring the Trade-off between Immediate Gratification and Delayed Network Externalities in the Consumption of Information Goods [J]. European Journal of Operational Research, 2008, 187 (3): 887-902.

[74] VASCONCELOS H. Is Exclusionary Pricing Anticompetitive in Two-sided Markets? [J]. International Journal of Industrial Organization, 2015 (40): 1-10.

[75] WEYL E G. Monopoly, Ramsey and Lindahl in Rochet and Tirole [J]. Economics Letters, 2009, 103 (2): 99-100.

[76] WEYL E G. A Price Theory of Multi-sided Platforms [J]. American Economic Review, 2010 (100): 1642-1672.

[77] WRIGHT J. Pricing in Debit and Credit Card Schemes [J]. Economics Letters, 2003, 80 (3): 305-309.

[78] YOO B, CHOUDHARY V, MUKHOPADHYAY T. Electronic B2B Marketplaces with Different Ownership Structures [J]. Management Science, 2007, 53 (6): 952-961.

[79] YOO B, CHOUDHARY V, MUKHOPADHYAY T. A Model of Neutral B2B Intermediaries [J]. Journal of Management Information Systems, 2002, 19 (3): 43-68.

[80] ZHANG K, LIU W. Price Discrimination in Two-sided Markets [J]. South African Journal of Economic and Management Sciences, 2016, 19 (1): 1-17.

[81] ZHANG X M, HAN X P, LIU X Y, et al. The Pricing of Product and Value-added Service under Information Asymmetry: A Product Life Cycle Perspective [J]. International Journal of Production Research, 2015, 53 (1): 25-40.

[82] ZHU F, IANSITI M. Entry into Platform-based Markets [J]. Strategic Management Journal, 2012, 33 (1): 88-106.

[83] 程贵孙. 组内网络外部性对双边市场定价的影响分析 [J]. 管理科学, 2010, 23 (1): 107-113.

[84] 段文奇, 柯玲芬. 基于用户规模的双边平台适应性动态定价策略研究 [J]. 中国管理科学, 2016, 24 (8): 79-87.

[85] 黄纯纯. 网络产业组织理论的历史、发展和局限 [J]. 经济研究, 2011, 46 (4): 147-160.

[86] 纪汉霖. 用户部分多归属条件下的双边市场定价策 [J]. 系统工程理论与实践, 2011, 31 (1): 75-83.

[87] 胥莉,陈宏民,潘小军. 具有双边市场特征的产业中厂商定价策略研究 [J]. 管理科学学报, 2009, 12 (5): 10-17.

[88] 张凯,李华琛,刘维奇. 双边市场中用户满意度与平台战略的选择 [J]. 管理科学学报, 2017, 20 (6): 42-63.

附 录

定理 2.1 的证明：

式 (2.4) 和式 (2.5) 可变为平台对用户的收费关于用户数量的表达式：$p_b = 1 + \alpha_b n_s - n_b/M_b$，$p_s = \alpha_s n_b + \beta_s x - n_s/M_s$，将上述两式代入利润函数的表达式，可得平台目标函数为

$$\max \Pi(n_b, n_s, x) = (1 + \alpha_b n_s - n_b/M_b)n_b + (\alpha_s n_b + \beta_s x - n_s/M_s)n_s - \phi x^2/2$$

将平台目标函数对双边用户数量和最优增值服务投资水平求一阶偏导数可得

$$\partial \Pi / \partial n_s = \alpha_b n_b + \alpha_s n_b + \beta_s x - 2n_s/M_s$$

$$\partial \Pi / \partial n_b = 1 + \alpha_b n_s + \alpha_s n_s - 2n_b/M_b$$

$$\partial \Pi / \partial x = \beta_s n_s - \phi x$$

由此得海塞矩阵为

$$A = \begin{bmatrix} -2/M_s & \alpha_b + \alpha_s & \beta_s \\ \alpha_b + \alpha_s & -2/M_b & 0 \\ \beta_s & 0 & -\phi \end{bmatrix}$$

行列式的值为

$$|A| = 2\beta_s^2/M_b - \phi [4/M_b M_s - (\alpha_b + \alpha_s)^2]$$

因为 $I = 4 - (\alpha_b + \alpha_s)^2 M_b M_s > 0$，所以：

（1）当 $\phi > 2\beta_s^2 M_s / I$ 时，海塞矩阵 A 为负定矩阵，目标函数的驻点即为极值点。通过令上述一阶偏导数为零，可得到此时平台的最优用户数量和最优投资水平为

$$\begin{cases} n_s^* = \phi(\alpha_b + \alpha_s) M_s M_b / H \\ n_b^* = (2M_b \phi - \beta_s^2 M_b M_s) / H \\ x^* = (\alpha_b + \alpha_s) \beta_s M_s M_b / H \end{cases} \quad (A.1)$$

这里，$H = \phi I - 2\beta_s^2 M_s$。由 $x \in [0,1]$ 可知，当增值服务的边际投资成本系数满足条件 $2\beta_s^2 M_s / I < \phi \leq [(\alpha_b + \alpha_s)\beta_s M_s M_b + 2\beta_s^2 M_s] / I$ 时，$x^* = 1$；否则，当增值服务的边际投资成本系数满足 $\phi > [(\alpha_b + \alpha_s)\beta_s M_s M_b + 2\beta_s^2 M_s] / I$ 时，$x^* = (\alpha_b + \alpha_s)\beta_s M_s M_b / H$。将式（A.1）代入式（2.4）和式（2.5），可得到平台对双边用户的最优收费分别为

$$p_b^* = [2\phi - \phi\alpha_s(\alpha_b + \alpha_s) M_s M_b - \beta_s^2 M_s] / H$$

$$p_s^* = [\phi(\alpha_s - \alpha_b) M_b + \alpha_b \beta_s^2 M_b M_s] / H$$

（2）当 $\phi \leq 2\beta_s^2 M_s / I$ 时，海塞矩阵 A 既非正定，也非负定，目标函数的极值点并不在驻点处达到。因为目标函数连续有界，且驻点唯一，所以此时目标函数的最优解在 x 的边界上达到。

在目标函数中，令 $x = 1$，并令 $I = 4 - (\alpha_b + \alpha_s)^2 M_b M_s$，通过对目标函数的优化，可以得到平台的最优用户数量为 $n_b^* = [2 + M_s \beta_s(\alpha_b + \alpha_s)] M_b / I$，$n_s^* = [(\alpha_b + \alpha_s) M_b + 2\beta_s] M_s / I$。则平台对双边用户的最优收费分别为

$$p_b^* = [2 - \alpha_s(\alpha_b + \alpha_s) M_b M_s + (\alpha_b - \alpha_s)\beta_s M_s] / I$$

$$p_s^* = \{(\alpha_s - \alpha_b) M_b + \beta_s [2 - \alpha_b(\alpha_b + \alpha_s) M_b M_s]\} / I$$

类似地，在利润函数中，令 $x = 0$，通过优化利润函数，可以得到平台的最优用户数量和平台对用户的最优收费为

$$n_s^* = (\alpha_b + \alpha_s)M_b M_s / I$$

$$n_b^* = 2M_b / I$$

$$p_b^* = [2 - \alpha_s(\alpha_b + \alpha_s)M_b M_s]/I$$

$$p_s^* = (\alpha_s - \alpha_b)M_b / I$$

当 $\phi = 2\beta_s^2 M_s / I$ 时,平台的利润在 $x=1$ 时降到最低,通过以上 $x=0$ 和 $x=1$ 时平台的最优用户数量和最优收费可得

$$\min(\Pi_{x=1}^* - \Pi_{x=0}^*) = \frac{(\alpha_b + \alpha_s)M_s M_b \beta_s}{4 - (\alpha_b + \alpha_s)^2 M_b M_s} > 0$$

因此,当 $\phi \leq 2\beta_s^2 M_s / I$ 时,$x^* = 1$。

综合以上分析,令 $\overline{\phi} = [(\alpha_b + \alpha_s)M_b + 2\beta_s]\beta_s M_s / I$,那么当 $\phi \leq \overline{\phi}$ 时,$x^* = 1$;当 $\phi > \overline{\phi}$ 时,$x^* = (\alpha_b + \alpha_s)\beta_s M_s M_b / H$。

命题 2.1 的证明:

(1) 根据定理 2.1 中平台对商户的最优收费,令 $E = 2 - \alpha_s(\alpha_b + \alpha_s)M_b M_s$,且 $F = 2 - \alpha_b(\alpha_b + \alpha_s)M_b M_s$,那么:

① 当 $\phi \leq \overline{\phi}$ 时,$p_s^* = [(\alpha_s - \alpha_b)M_b + \beta_s F]/I$,则:

如果 $\alpha_s \geq \alpha_b$,那么 $F > 0$,因此 $p_s^* > 0$。

如果 $\alpha_s < \alpha_b$,那么当 $\beta_s \geq (\alpha_b - \alpha_s)M_b / F$ 时,$p_s^* \geq 0$;否则,$p_s^* < 0$。

② 当 $\phi > \overline{\phi}$ 时,$p_s^* = [\phi(\alpha_s - \alpha_b) + \alpha_b \beta_s^2 M_s]M_b / H$,则:

如果 $\alpha_s \geq \alpha_b$,那么 $p_s^* > 0$;

如果 $\alpha_s < \alpha_b$,那么当 $\phi \leq \alpha_b \beta_s^2 M_s / (\alpha_b - \alpha_s)$ 时,$p_s^* \geq 0$;否则,$p_s^* < 0$。

(2) 根据定理 2.1 中平台对顾客的最优收费:

① 当 $\phi \leq \overline{\phi}$ 时,$p_b^* = [E + (\alpha_b - \alpha_s)M_s \beta_s]/I$,那么:

如果 $\alpha_b \geq \alpha_s$,那么因为 $E > 0$,所以 $p_b^* > 0$;

如果 $\alpha_b < \alpha_s$,那么如果 $\beta_s \leq E/(\alpha_s - \alpha_b)M_s$,$p_b^* \geq 0$,否则,$p_b^* < 0$。

② 当 $\phi > \bar{\phi}$ 时，$p_b^* = \{\phi[2 - \alpha_s(\alpha_b + \alpha_s)M_sM_b] - \beta_s^2 M_s\}/H$，那么：

当 $\phi \geq \beta_s^2 M_s/[2 - \alpha_s(\alpha_b + \alpha_s)M_sM_b]$ 时，$p_b^* \geq 0$；

当 $\phi < \beta_s^2 M_s/[2 - \alpha_s(\alpha_b + \alpha_s)M_sM_b]$ 时，$p_b^* < 0$。

命题 2.2 的证明：

根据定理 2.1 中平台对双边用户的最优收费，当 $\phi > \bar{\phi}$ 时，平台对双边用户的最优收费关于商户的边际投资效用和增值服务的边际投资成本系数的一阶偏导数分别为

$$\partial p_s^*/\partial \beta_s = 2\phi \beta_s M_b M_s(\alpha_b + \alpha_s)F/H^2$$

$$\partial p_b^*/\partial \beta_s = 2\phi(\alpha_b - \alpha_s)(\alpha_b + \alpha_s)\beta_s M_b M_s^2/H^2$$

$$\partial p_s^*/\partial \phi = -(\alpha_b + \alpha_s)\beta_s^2 M_b M_s F/H^2$$

$$\partial p_b^*/\partial \phi = (\alpha_s - \alpha_b)(\alpha_b + \alpha_s)\beta_s^2 M_b M_s^2/H^2$$

当 $\phi \leq \bar{\phi}$ 时，平台对双边用户的最优收费关于商户边际投资效用的一阶偏导数为：$\partial p_s^*/\partial \beta_s = F/I$，$\partial p_b^*/\partial \beta_s = (\alpha_b - \alpha_s)M_s/I$。

因此：

（1）当 $\phi > \bar{\phi}$ 时，$\partial p_s^*/\partial \phi < 0$，且如果 $\alpha_s > \alpha_b$，那么 $\partial p_b^*/\partial \phi > 0$；如果 $\alpha_s < \alpha_b$，那么 $\partial p_b^*/\partial \phi < 0$。

（2）当 $\alpha_b > \alpha_s$ 时，那么 $\partial p_b^*/\partial \beta_s > 0$；当 $\alpha_b < \alpha_s$ 时，则 $\partial p_b^*/\partial \beta_s < 0$。

（3）$\partial p_s^*/\partial \beta_s > 0$。

命题 2.3 的证明：

当平台对商户进行增值服务投资时，根据定理 2.1，平台对用户的最优收费关于用户潜在市场规模的一阶偏导数为

当 $\phi \leq \bar{\phi}$ 时，$\begin{cases} \partial p_b^*/\partial M_b = 2(\alpha_s - \alpha_b)[2 + (\alpha_b + \alpha_s)M_s\beta_s]/I^2 \\ \partial p_s^*/\partial M_s = M_b(\alpha_s^2 - \alpha_b^2)[2\beta_s + (\alpha_b + \alpha_s)M_b]/I^2 \end{cases}$

且 $\begin{cases} \partial p_b^*/\partial M_s = 2(\alpha_b - \alpha_s)[2\beta_s + (\alpha_b + \alpha_s)M_b]/I^2 \\ \partial p_b^*/\partial M_b = (\alpha_b - \alpha_s)[2(\alpha_b + \alpha_s)M_s + M_s\beta_s(\alpha_b + \alpha_s)^2 M_s]/I^2 \end{cases}$

当 $\phi > \bar{\phi}$ 时，

$$\begin{cases} \partial p_s^*/\partial M_b = 2(2\phi - \beta_s^2 M_s)[\phi(\alpha_s - \alpha_b) + \alpha_b \beta_s^2 M_s]/H^2 \\ \partial p_s^*/\partial M_s = \phi(\alpha_b + \alpha_s)M_b[2\beta_s^2 + \phi(\alpha_s - \alpha_b)(\alpha_b + \alpha_s)M_b]/H^2 \end{cases}$$

且

$$\begin{cases} \partial p_b^*/\partial M_s = 2\phi^2 M_b(\alpha_b^2 - \alpha_s^2)/H^2 \\ \partial p_b^*/\partial M_b = \phi(\alpha_b^2 - \alpha_s^2)(\alpha_b + \alpha_s)M_s(2\phi - \beta_s^2 M_s)/H^2 \end{cases}$$

因为当 $\phi > \bar{\phi}$ 时，$2\phi - \beta_s^2 M_s > 0$，因此：

(1) 如果 $\alpha_s > \alpha_b$，那么 $\partial p_b^*/\partial M_i < 0$ 且 $\partial p_s^*/\partial M_i > 0$。

(2) 如果 $\alpha_s < \alpha_b$，那么 $\partial p_b^*/\partial M_i > 0$，当 $\phi \leq \bar{\phi}$，$\partial p_s^*/\partial M_i < 0$，且当 $\phi > \bar{\phi}$ 时：

① 若 $\phi < \alpha_b \beta_s^2 M_s/(\alpha_b - \alpha_s)$，则 $\partial p_s^*/\partial M_b > 0$；否则，$\partial p_s^*/\partial M_b > 0$。

② 若 $\phi < 2\beta_s^2/[(\alpha_b^2 - \alpha_s^2)M_b]$，则 $\partial p_s^*/\partial M_s > 0$；否则，$\partial p_s^*/\partial M_s < 0$。

命题 2.4 的证明：

根据定理 2.2，当 $\varphi > \bar{\varphi}$ 时，$p_b^* = \varphi E/G$，$p_s^* = \varphi(\alpha_s - \alpha_b)M_b/G$，这里 $E = 2 - \alpha_s(\alpha_s + \alpha_b)M_b M_s$，$G = \varphi I - 2\beta_b^2 M_b$。因此，可以得到：$\partial p_s^*/\partial \varphi = 2(\alpha_b - \alpha_s)M_b \beta_b^2 M_b/G^2$，$\partial p_b^*/\partial \varphi = -2\beta_b^2 M_b E/G^2$。类似的，当 $\varphi \leq \bar{\varphi}$ 时，$p_s^* = (\alpha_s - \alpha_b)(1 + \beta_b)M_b/I$，$p_b^* = E(1 + \beta_b)/I$。因此，可以得到：

(1) 对所有 φ，$\partial p_b^*/\partial \beta_b > 0$ 且 $\partial p_i^*/\partial \varphi = 0$ ($i = b, s$)。

(2) 当 $\varphi > \bar{\varphi}$ 时，$\partial p_b^*/\partial \varphi < 0$，如果 $\alpha_b \geq \alpha_s$，那么 $\partial p_s^*/\partial \varphi > 0$；如果 $\alpha_b < \alpha_s$，那么 $\partial p_s^*/\partial \varphi < 0$。

(3) 当 $\varphi > \bar{\varphi}$ 时，$\partial p_s^*/\partial \beta_b > 0$。当 $\varphi \leq \bar{\varphi}$ 时，如果 $\alpha_b < \alpha_s$，则 $\partial p_s^*/\partial \beta_b > 0$；如果 $\alpha_b \geq \alpha_s$，则 $\partial p_s^*/\partial \beta_b < 0$。

命题 2.5 的证明：

在定理 2.1 中，当 $\phi > \bar{\phi}$ 时，$p_b^* = \varphi E/G$，$p_s^* = \varphi(\alpha_s - \alpha_b)M_b/G$，那么平台对用户的最优收费关于 ϕ 的一阶偏导数为：$\partial p_s^*/\partial \phi = 2(\alpha_b -$

$\alpha_s)M_b\beta_b^2M_b/G^2$，$\partial p_b^*/\partial\phi = -2\beta_b^2 M_b E/G^2$。当 $\phi \leq \bar{\phi}$ 时，$p_s^* = (\alpha_s - \alpha_b)(1+\beta_b)M_b/I$，$p_b^* = E(1+\beta_b)/I$。因此，可以得到：

（1）当 $\phi > \bar{\phi}$ 时，$\partial p_b^*/\partial\phi < 0$，如果 $\alpha_b > \alpha_s$，那么 $\partial p_s^*/\partial\phi > 0$；如果 $\alpha_b < \alpha_s$，那么 $\partial p_s^*/\partial\phi < 0$。

（2）当 $\phi > \bar{\phi}$ 时，$\partial p_s^*/\partial\beta_b > 0$。当 $\phi \leq \bar{\phi}$ 时，如果 $\alpha_b < \alpha_s$，那么 $\partial p_s^*/\partial\beta_b > 0$；如果 $\alpha_b > \alpha_s$，那么 $\partial p_s^*/\partial\beta_b < 0$。

根据定理2.1和定理2.2中平台对用户的最优收费，平台对商户进行增值服务投资和对顾客进行增值服务投资时的最优利润分别为：$\pi_1^* = (2\phi M_b - \beta_s^2 M_s M_b)/(2H)$，$\phi > \bar{\phi}$；$\pi_2^* = \varphi M_b/G$，$\varphi > \bar{\varphi}$。因此，当 $\phi = \varphi > \max[\bar{\phi}, \bar{\varphi}]$ 时，可以得到：

（1）若 $\beta_s \leq \beta_b$，那么 $\pi_1^* < \pi_2^*$。

（2）若 $\beta_s > \beta_b$，那么 $\pi_1^* - \pi_2^* = \{\varphi[\beta_s^2 M_s^2(\alpha_b + \alpha_s)^2 - 4\beta_b^2] + 2\beta_b^2\beta_s^2 M_s\}M_b^2/(2GH)$，因此：

① 当 $\beta_b < \beta_s \leq 2\beta_b/M_s(\alpha_b + \alpha_s)$ 时，如果 $\max[\bar{\phi}, \bar{\varphi}] < \phi < K$，则 $\pi_1^* > \pi_2^*$，否则 $\pi_1^* < \pi_2^*$，这里 $K = 2\beta_b^2\beta_s^2 M_s/[4\beta_b^2 - \beta_s^2 M_s^2(\alpha_b + \alpha_s)^2]$。

② 当 $\beta_s > 2\beta_b/M_s(\alpha_b + \alpha_s)$ 时，$\pi_1^* > \pi_2^*$。

命题2.6的证明：

用 Δp_b^*、Δp_s^* 分别表示与平台不对用户进行增值服务投资相比（即 $x = y = 0$），平台对用户进行增值服务投资之后对双边用户最优收费的变化量，那么：

（1）当平台对商户进行增值服务投资时：

① 如果 $\phi \leq \bar{\phi}$，那么

$$\begin{cases} \Delta p_{1b}^* = (\alpha_b - \alpha_s)\beta_s M_s/I \\ \Delta p_{1s}^* = \beta_s F/I \end{cases}$$

② 如果 $\phi > \bar{\phi}$，那么

$$\begin{cases} \Delta p_{2b}^* = (\alpha_b - \alpha_s)(\alpha_b + \alpha_s)\beta_s^2 M_s M_b M_s/(HI) \\ \Delta p_{2s}^* = (\alpha_b + \alpha_s) M_b \beta_s^2 M_s F/(HI) \end{cases}$$

因此，$\Delta p_s^* > 0$；且当 $\alpha_b > \alpha_s$ 时，$\Delta p_b^* > 0$，当 $\alpha_b < \alpha_s$ 时，$\Delta p_b^* < 0$。

(2) 当平台对顾客进行增值服务投资时：

① 如果 $\varphi \leqslant \bar{\varphi}$，那么

$$\begin{cases} \Delta p_{1b}^* = \beta_b E/I \\ \Delta p_{1s}^* = \beta_b M_b (\alpha_s - \alpha_b)/I \end{cases}$$

② 如果 $\varphi > \bar{\varphi}$，那么

$$\begin{cases} \Delta p_{2b}^* = 2\beta_b^2 M_b E/(GI) \\ \Delta p_{2s}^* = 2(\alpha_s - \alpha_b) M_b \beta_b^2 M_b/(GI) \end{cases}$$

因此，$\Delta p_b^* > 0$；且当 $\alpha_s > \alpha_b$ 时，$\Delta p_s^* > 0$，当 $\alpha_s < \alpha_b$ 时，$\Delta p_s^* < 0$。

命题 2.7 的证明：

根据对命题 2.6 的证明，当 Δp_s^* 和 Δp_b^* 都大于零时：

(1) 当平台对商户进行增值服务投资时，有

$$\begin{cases} \Delta p_{1b}^* - \Delta p_{1s}^* = \beta_s [(\alpha_b - \alpha_s) M_s - F]/I \\ \Delta p_{2b}^* - \Delta p_{2s}^* = [(\alpha_b - \alpha_s) M_s - F](\alpha_b + \alpha_s)\beta_s^2 M_b M_s/(HI) \end{cases}$$

(2) 当平台对顾客进行增值服务投资时，有

$$\begin{cases} \Delta p_{1s}^* - \Delta p_{1b}^* = \beta_b [(\alpha_s - \alpha_b) M_b - E]/I \\ \Delta p_{2s}^* - \Delta p_{2b}^* = 2[(\alpha_s - \alpha_b) M_b - E] M_b \beta_b^2/(GI) \end{cases}$$

因此：

(1) 当平台对商户进行增值服务投资时，如果 $\alpha_b > F/M_s + \alpha_s$，则 $(\alpha_b - \alpha_s) M_s > F$，那么 $\Delta p_b^* > \Delta p_s^*$；否则，$\Delta p_b^* \leqslant \Delta p_s^*$。

(2) 当平台对顾客进行增值服务投资时，如果 $\alpha_s > E/M_b + \alpha_b$，则 $(\alpha_s - \alpha_b) M_b > E$，那么 $\Delta p_s^* > \Delta p_b^*$；否则，$\Delta p_s^* \leqslant \Delta p_b^*$。

定理 3.1 的证明：

将式（3.4）和式（3.5）变形为：$p_b = 1 + \alpha_b n_s + \beta_b x - n_b$，$p_s = \alpha_s n_b + \beta_s x - n_s$，并将其代入平台的利润最大化目标函数，则目标函数可表示为

$$\max \Pi(n_b, n_s, x) = (1 + \alpha_b n_s + \beta_b x - n_b)n_b + (\alpha_s n_b + \beta_s x - n_s)n_s - cx^2/2$$

将利润目标函数对决策变量 n_b、n_s 和 x 求一阶偏导数可得

$$\partial \Pi / \partial n_b = 1 + (\alpha_b + \alpha_s)n_s + \beta_b x - 2n_b$$
$$\partial \Pi / \partial n_s = (\alpha_b + \alpha_s)n_b + \beta_s x - 2n_s$$
$$\partial \Pi / \partial x = \beta_b n_b + \beta_s n_s - cx$$

由此可得海塞矩阵为

$$A = \begin{bmatrix} -2 & \alpha_b + \alpha_s & \beta_b \\ \alpha_b + \alpha_s & -2 & \beta_s \\ \beta_b & \beta_s & -c \end{bmatrix}$$

因为在海塞矩阵中 $\alpha_b + \alpha_s < 2$，因此 $\begin{vmatrix} -2 & \alpha_b + \alpha_s \\ \alpha_b + \alpha_s & -2 \end{vmatrix} > 0$。令 $I = 4 - (\alpha_b + \alpha_s)^2$，$K = 2\beta_b^2 + 2\beta_b \beta_s (\alpha_b + \alpha_s) + 2\beta_s^2$，那么：

（1）如果 $c > K/I$，则 $|A| < 0$，海塞矩阵 A 为负定矩阵，最优利润在驻点处取得，由一阶偏导数条件可解得在驻点处：

$$n_b = (2c - \beta_s^2)/(cI - K)$$
$$n_s = [c(\alpha_b + \alpha_s) + \beta_b \beta_s]/(cI - K) \quad (A.2)$$
$$x = [2\beta_b + \beta_s(\alpha_b + \alpha_s)]/(cI - K)$$

令 $D = [2\beta_b + \beta_s(\alpha_b + \alpha_s)]/(cI - K)$，容易得到：当边际投资成本满足条件 $c > \{[2\beta_b + \beta_s(\alpha_b + \alpha_s)] + zK\}/(zI)$ 时，$D < z$；否则，$D \geq z$。

令 $E = \{[2\beta_b + \beta_s(\alpha_b + \alpha_s)] + zK\}/(zI)$，那么，当 $c > E$ 时，$x^* = D$；当 $K/I < c \leq E$，$x^* = z$。将式（A.2）代入式（3.4）和式（3.5），当

$c > E$ 时，平台对双边用户的最优收费为

$$p_b^* = \{c[2 - \alpha_s(\alpha_b + \alpha_s)] - \beta_s(\alpha_s\beta_b + \beta_s)\}/(cI - K)$$

$$p_s^* = [c(\alpha_s - \alpha_b) + \beta_s(\beta_b + \alpha_b\beta_s)]/(cI - K)$$

（2）如果 $c \leq K/I$，那么 $|A| \geq 0$，海塞矩阵 A 既非正定也非负定。因为目标函数连续有界，且驻点唯一，所以此时最优利润在边界上达到，接下来将讨论边界值。

当 $x = 0$ 时，式（3.4）和式（3.5）变形为 $p_b = 1 + \alpha_b n_s - n_b$，$p_s = \alpha_s n_b - n_s$，目标函数为

$$\max \Pi(n_b, n_s) = (1 + \alpha_b n_s - n_b)n_b + (\alpha_s n_b - n_s)n_s$$

通过一阶偏导数条件可得平台的最优用户数量为

$$n_b^* = 2/I, \quad n_s^* = (\alpha_s + \alpha_b)/I \tag{A.3}$$

将式（A.3）重新代入式（3.4）和式（3.5），平台对双边用户的最优收费为

$$p_b^* = [2 - \alpha_s(\alpha_s + \alpha_b)]/I, \quad p_s^* = (\alpha_s - \alpha_b)/I \tag{A.4}$$

由式（A.3）和式（A.4）可得，平台的最优利润为 $\Pi_{x=0}^* = 1/I$。利用同样的方法，当 $x = z$ 时，平台的最优用户数量和对双边用户的最优收费分别为

$$\begin{cases} n_b^* = [2(1 + z\beta_b) + z\beta_s(\alpha_b + \alpha_s)]/I \\ n_s^* = [(\alpha_s + \alpha_b)(1 + z\beta_b) + 2z\beta_s]/I \end{cases} \tag{A.5}$$

$$\begin{cases} p_b^* = \{(1 + z\beta_b)[2 - \alpha_s(\alpha_s + \alpha_b)] + z\beta_s(\alpha_b - \alpha_s)\}/I \\ p_s^* = \{(\alpha_s - \alpha_b)(1 + z\beta_b) + z\beta_s[2 - \alpha_b(\alpha_b + \alpha_s)]\}/I \end{cases} \tag{A.6}$$

此时平台的最优利润为

$$\Pi_{x=z}^* = \{2[(1 + z\beta_b)^2 + z^2\beta_s^2 + z\beta_s(\alpha_s + \alpha_b)(1 + z\beta_b)] - cz^2I\}/(2I)$$

当 $c = K/I$ 时，$\min \Pi_{x=z}^* = [1 + 2z\beta_b + z\beta_s(\alpha_s + \alpha_b)]/I$，因此，$\min \Pi_{x=z}^* > \Pi_{x=0}^*$。所以，当 $c \leq K/I$ 时，$x^* = z$。

综合以上分析可知，当 $c \leq E$ 时，$x^* = z$；当 $c > E$ 时，$x^* = D$。

命题 3.1 的证明：

(1) 当 $c \leq E$ 时，令 $(\alpha_s - \alpha_b)/[2 - \alpha_s(\alpha_s + \alpha_b)] = M$，那么：

① 如果 $\alpha_s > \max[\alpha_b, 2/(\alpha_s + \alpha_b)]$，则 $\alpha_b - \alpha_s < 0$ 且 $2 - \alpha_s(\alpha_s + \alpha_b) < 0$，因此 $p_b^* < 0$；如果 $\alpha_s < \min[\alpha_b, 2/(\alpha_s + \alpha_b)]$，则 $\alpha_b - \alpha_s > 0$ 且 $2 - \alpha_s(\alpha_s + \alpha_b) > 0$，因此 $p_b^* > 0$。

② 如果 $\min[\alpha_b, 2/(\alpha_s + \alpha_b)] < \alpha_s < \max[\alpha_b, 2/(\alpha_s + \alpha_b)]$，则 $M > 0$。那么，如果 $(1 + z\beta_b)/(z\beta_s) > (\alpha_s - \alpha_b)/[2 - \alpha_s(\alpha_s + \alpha_b)]$，则 $p_b^* > 0$；否则，$p_b^* < 0$。

(2) 当 $c > E$ 时，令 $F = \beta_s(\alpha_s\beta_b + \beta_s)/[2 - \alpha_s(\alpha_b + \alpha_s)]$，那么：

① 如果 $\alpha_s > 2/(\alpha_s + \alpha_b)$，则 $p_b^* < 0$。

② 如果 $\alpha_s < 2/(\alpha_s + \alpha_b)$，那么当 $c > F$ 时，$p_b^* < 0$；当 $c < F$ 时，$p_b^* > 0$。

命题 3.2 的证明：

(1) 当 $c \leq E$ 时，令 $(\alpha_b - \alpha_s)/[2 - \alpha_b(\alpha_b + \alpha_s)] = H$，那么：

① 如果 $\alpha_b > \max[\alpha_s, 2/(\alpha_s + \alpha_b)]$，则 $\alpha_s - \alpha_b < 0$ 且 $2 - \alpha_b(\alpha_b + \alpha_s) < 0$，因此 $p_s^* < 0$；如果 $\alpha_b < \min[\alpha_s, 2/(\alpha_s + \alpha_b)]$，则 $\alpha_s - \alpha_b > 0$ 且 $2 - \alpha_b(\alpha_b + \alpha_s) > 0$，因此 $p_s^* > 0$。

② 如果 $\min[\alpha_s, 2/(\alpha_s + \alpha_b)] < \alpha_b < \max[\alpha_s, 2/(\alpha_s + \alpha_b)]$，当 $z\beta_s/(1 + z\beta_b) < H$ 时，$p_s^* < 0$；否则，$p_s^* > 0$。

(2) 当 $c > E$ 时，令 $J = \beta_s(\beta_b + \alpha_b\beta_s)/(\alpha_b - \alpha_s)$，那么：

① 如果 $\alpha_s \geq \alpha_b$，则 $p_s^* > 0$。

② 如果 $\alpha_s < \alpha_b$，当 $c < J$ 时，$p_s^* > 0$；当 $c > J$ 时，$p_s^* < 0$。

命题 3.3 的证明：

根据定理 3.1 中平台对用户的最优收费，可得其关于边际投资成本的一阶偏导数为：

(1) $\partial p_b^*/\partial c = \{I\beta_s(\alpha_s\beta_b + \beta_s) - K[2 - \alpha_s(\alpha_b + \alpha_s)]\}/(cI - K)^2$，因此：

① 当 $[2 - \alpha_s(\alpha_b + \alpha_s)] < 0$ 时，$\partial p_b^*/\partial c > 0$。

② 当 $[2 - \alpha_s(\alpha_b + \alpha_s)] > 0$ 时，若 $\beta_b > \{K[2 - \alpha_s(\alpha_b + \alpha_s)] - I\beta_s^2\}/(I\beta_s\alpha_s)$，则 $I\beta_s(\alpha_s\beta_b + \beta_s) > K[2 - \alpha_s(\alpha_b + \alpha_s)]$，所以 $\partial p_b^*/\partial c > 0$；否则，$\partial p_b^*/\partial c < 0$。

(2) $\partial p_s^*/\partial c = [K(\alpha_b - \alpha_s) - I\beta_s(\beta_b + \alpha_b\beta_s)]/(cI - K)^2$，因此：

① 当 $\alpha_s > \alpha_b$ 时，$\partial p_s^*/\partial c < 0$。

② 当 $\alpha_s < \alpha_b$ 时，如果 $\beta_s < K(\alpha_b - \alpha_s)/I(\beta_b + \alpha_b\beta_s)$，那么 $K(\alpha_b - \alpha_s) > I\beta_s(\beta_b + \alpha_b\beta_s)$，所以 $\partial p_s^*/\partial c > 0$；否则，$\partial p_s^*/\partial c < 0$。

命题 3.4 的证明：

根据定理 3.1，平台在增值服务投资前后对双边用户最优收费的变化量为：

(1) 当 $x^* = z$ 时，$\Delta p_s = \{z\beta_b(\alpha_s - \alpha_b) + z\beta_s[2 - \alpha_b(\alpha_b + \alpha_s)]\}/I$，且 $\Delta p_b = \{z\beta_b[2 - \alpha_s(\alpha_s + \alpha_b)] + z\beta_s(\alpha_b - \alpha_s)\}/I$，因此：

① 当 $\beta_s/\beta_b > N$ 时，$\Delta p_s > 0$；否则，$\Delta p_s < 0$。

② 当 $\beta_b/\beta_s > M$ 时，$\Delta p_b > 0$；否则，$\Delta p_b < 0$。

(2) 当 $x^* = D$ 时，$\Delta p_b = \{K[2 - \alpha_s(\alpha_s + \alpha_b)] - I\beta_s(\alpha_s\beta_b + \beta_s)\}/[I(cI - K)]$，且 $\Delta p_s = [K(\alpha_s - \alpha_b) + I\beta_s(\beta_b + \alpha_b\beta_s)]/[I(cI - K)]$，那么：

① 如果 $\alpha_s(\alpha_s + \alpha_b) \geq 2$，则 $2 - \alpha_s(\alpha_s + \alpha_b) \leq 0$，那么 $\Delta p_b < 0$。

② 如果 $\alpha_s(\alpha_s + \alpha_b) < 2$，则 $2 - \alpha_s(\alpha_s + \alpha_b) > 0$，当 $\beta_b < \{K[2 - \alpha_s \cdot (\alpha_s + \alpha_b)] - I\beta_s^2\}/(I\alpha_s\beta_s)$ 时，$K[2 - \alpha_s(\alpha_s + \alpha_b)] > I\beta_s(\alpha_s\beta_b + \beta_s)$，因此 $\Delta p_b > 0$；否则，$\Delta p_b < 0$。

③ 如果 $\alpha_s \geq \alpha_b$，那么 $\Delta p_s > 0$。

④ 如果 $\alpha_s < \alpha_b$，那么当 $\beta_s > K(\alpha_b - \alpha_s)/[I(\beta_b + \alpha_b \beta_s)]$ 时，$I\beta_s(\beta_b + \alpha_b \beta_s) > K(\alpha_b - \alpha_s)$，所以 $\Delta p_s > 0$；否则，$\Delta p_s < 0$。

定理 4.1 的证明：

将式（4.4）和式（4.5）变形为：$p_b = 1 + \lambda_b n_s - n_b$，$p_s = \lambda_s n_b - \beta_s n_s + \varphi x - n_s$。将其代入平台的目标函数，并将目标函数对双边用户数量和最优投资水平求一阶偏导数得

$$\partial \Pi / \partial n_b = 1 + (\lambda_b + \lambda_s)n_s - 2n_b$$

$$\partial \Pi / \partial n_s = (\lambda_b + \lambda_s)n_b - 2(1 + \beta_s)n_s + \varphi x$$

$$\partial \Pi / \partial x = \varphi n_s - cx$$

由此得海塞矩阵 $Y = \begin{bmatrix} -2 & \lambda_b + \lambda_s & 0 \\ \lambda_b + \lambda_s & -2(1+\beta_s) & \varphi \\ 0 & \varphi & -c \end{bmatrix}$，其行列式为

$|Y| = 2\varphi^2 - c[4(1+\beta_s) - (\lambda_b + \lambda_s)^2]$。令 $D = 4(1+\beta_s) - (\lambda_b + \lambda_s)^2$，因为当 $\lambda_b + \lambda_s < 2$ 时，$\begin{vmatrix} -2 & \lambda_b + \lambda_s \\ \lambda_b + \lambda_s & -2(1+\beta_s) \end{vmatrix} > 0$，所以有：

（1）当 $c > 2\varphi^2/D$ 时，$|Y| < 0$，海塞矩阵负定，因此驻点为极值点。令一阶导数为零得

$$n_b^* = [2c(1+\beta_s) - \varphi^2]/(cD - 2\varphi^2)$$

$$n_s^* = c(\lambda_b + \lambda_s)/(cD - 2\varphi^2)$$

$$x^* = (\lambda_b + \lambda_s)\varphi/(cD - 2\varphi^2)$$

将其代入式（4.4）和式（4.5）可得，平台对顾客的最优收费为

$$p_b^* = \{c[2(1+\beta_s) - \lambda_s(\lambda_b + \lambda_s)] - \varphi^2\}/(cD - 2\varphi^2)$$

对商户的最优收费为

$$p_s^* = [c(1+\beta_s)(\lambda_s - \lambda_b) + \lambda_b \varphi^2]/(cD - 2\varphi^2)$$

根据平台的投资资源限制，令 $(\lambda_b + \lambda_s)\varphi/(cD - 2\varphi^2) = z$，那么，当 $c > [(\lambda_b + \lambda_s) + 2z\varphi]\varphi/(zD)$ 时，$x^* < z$；当 $c \leq [(\lambda_b + \lambda_s) + 2z\varphi]\varphi/(zD)$ 时，$x^* \geq z$。

（2）当 $c \leq 2\varphi^2/D$ 时，$|Y| \geq 0$，海塞矩阵既非正定也非负定。因为利润函数连续有界且驻点唯一，平台的最优利润在边界上达到。分别令 $x = z$ 和 $x = 0$，并对目标函数进行优化，平台在 $x = 0$ 时的最优利润为

$$\Pi^*_{x=0} = (1 + \beta_s)/D$$

同样，可以得到 $x = z$ 时平台的最优利润为

$$\Pi^*_{x=z} = [(1 + \beta_s) + \varphi z(\lambda_s + \lambda_b) + \varphi^2 z^2]/D - cz^2/2$$

当 $c = 2\varphi^2/D$ 时，$\min \Pi^*_{x=z} - \Pi^*_{x=0} = \varphi z(\lambda_s + \lambda_b)/D > 0$。因此，当 $c < 2\varphi^2/D$ 时，$x^* = z$。

综上，当 $c \leq [(\lambda_b + \lambda_s)\varphi + 2z\varphi^2]/(zD)$ 时，$x^* = z$；当 $c > [(\lambda_b + \lambda_s)\varphi + 2z\varphi^2]/(zD)$ 时，$x^* = (\lambda_b + \lambda_s)\varphi/(cD - 2\varphi^2)$。

推论 4.1 的证明：

（1）由定理 4.1 可知，当 $0 < x < z$ 时，双边用户的数量分别为

$$n_s^* = c(\lambda_b + \lambda_s)/(cD - 2\varphi^2), \quad n_b^* = [2c(1 + \beta_s) - \varphi^2]/(cD - 2\varphi^2)$$

因此，最优用户数量关于 β_s 的一阶偏导数为

$$\partial n_s^*/\partial \beta_s = -4c^2(\lambda_b + \lambda_s)/(cD - 2\varphi^2)^2 < 0$$

$$\partial n_b^*/\partial \beta_s = -2c^2(\lambda_b + \lambda_s)^2/(cD - 2\varphi^2)^2 < 0$$

同样，当 $x = z$ 时，最优用户数量关于 β_s 的一阶偏导数为

$$\partial n_b^*/\partial \beta_s = -2(\lambda_b + \lambda_s)[(\lambda_b + \lambda_s) + 2\varphi z]/D^2 < 0$$

$$\partial n_s^*/\partial \beta_s = -4[(\lambda_b + \lambda_s) + 2\varphi z]/D^2 < 0$$

因此，$\partial n_i^*/\partial \beta_s < 0$（$i = b, s$）。

由定理 4.1 可得，平台的最优利润为

$$\Pi^* = \begin{cases} (1+\beta_s)/D, & x=0 \\ [2c(1+\beta_s)-\varphi^2]/[2(cD-2\varphi^2)], & 0<x<z \\ [(1+\beta_s)+\varphi z(\lambda_s+\lambda_b)+\varphi^2 z^2]/D - cz^2/2, & x=z \end{cases}$$

因此，有

$$\partial\Pi^*/\partial\beta_s = \begin{cases} -(\lambda_b+\lambda_s)^2/D^2, & x=0 \\ -c^2(\lambda_b+\lambda_s)^2/(cD-2\varphi^2)^2, & 0<x<z \\ -\{(\lambda_b+\lambda_s)^2+4\varphi z[(\lambda_s+\lambda_b)+\varphi z]\}/D^2, & x=z \end{cases}$$

所以，$\partial\Pi^*/\partial\beta_s < 0$。

（2）根据定理 4.1，平台的最优投资水平关于交叉网络外部性强度和商户内部负向网络外部性强度的一阶偏导数为

$$\partial x^*/\partial\lambda_i = \varphi\{c[4(1+\beta_s)+(\lambda_b+\lambda_s)^2]-2\varphi^2\}/(cD-2\varphi^2)^2, i=b,s$$

$$\partial x^*/\partial\beta_s = -4c(\lambda_b+\lambda_s)\varphi/(cD-2\varphi^2)^2 < 0$$

当 $c \geq [(\lambda_b+\lambda_s)\varphi+2z\varphi^2]/(zD)$ 时，$c[4(1+\beta_s)+(\lambda_b+\lambda_s)^2] = cD + 2c(\lambda_b+\lambda_s)^2 > cD \geq [(\lambda_b+\lambda_s)\varphi+2z\varphi^2]/z > 2\varphi^2 > 0$，所以 $c[4(1+\beta_s)+(\lambda_b+\lambda_s)^2]-2\varphi^2 > 0$ 且 $cD-2\varphi^2 > 0$。因此，$\partial x^*/\partial\lambda_i > 0$。

命题 4.1 的证明：

用 Δp_b^*、Δp_s^* 分别表示平台进行增值服务投资前后对用户收费的变化量，令 $E = [(\lambda_b+\lambda_s)+2z\varphi]\varphi/D$，由定理 4.1 可得：

（1）当 $c \leq E$ 时，$\Delta p_s^* = \varphi z[2(1+\beta_s)-\lambda_b(\lambda_b+\lambda_s)]/D$，$\Delta p_b^* = \varphi z(\lambda_b-\lambda_s)/D$。

（2）当 $c > E$ 时，$\Delta p_s^* = \varphi^2(\lambda_b+\lambda_s)[2(1+\beta_s)-\lambda_b(\lambda_b+\lambda_s)]/[D(cD-2\varphi^2)]$，$\Delta p_b^* = \varphi^2(\lambda_b+\lambda_s)(\lambda_b-\lambda_s)/[D(cD-2\varphi^2)]$。

因此：

① 当 $\lambda_b \geq \lambda_s$ 时，$\Delta p_b^* \geq 0$；当 $\lambda_b < \lambda_s$ 时，$\Delta p_b^* < 0$。

② 当 $2(1+\beta) \geq \lambda_b(\lambda_b+\lambda_s)$ 时，$\Delta p_s^* > 0$；当 $2(1+\beta_s) < \lambda_b(\lambda_b+\lambda_s)$ 时，$\Delta p_s^* < 0$。

③ 当 $(\lambda_b-\lambda_s) \geq [2(1+\beta_s)-\lambda_b(\lambda_b+\lambda_s)] > 0$ 时，$\Delta p_b^* \geq \Delta p_s^* > 0$。

命题 4.2 的证明：

当 $c \leq E$ 时，$\partial p_s^*/\partial \beta_s = (\lambda_b-\lambda_s)(\lambda_b+\lambda_s)[(\lambda_b+\lambda_s)+2\varphi z]/D$，$\partial p_b^*/\partial \beta_s = 2(\lambda_s-\lambda_b)[(\lambda_b+\lambda_s)+2\varphi z]/D$。因此，当 $\lambda_s > \lambda_b$ 时，$\partial p_b^*/\partial \beta_s > 0$ 且 $\partial p_s^*/\partial \beta_s < 0$；当 $\lambda_s < \lambda_b$ 时，$\partial p_b^*/\partial \beta_s < 0$ 且 $\partial p_s^*/\partial \beta_s > 0$。

当 $c > E$ 时，$\partial p_b^*/\partial \beta_s = 2c^2(\lambda_s-\lambda_b)(\lambda_b+\lambda_s)/(cD-2\varphi^2)^2$，$\partial p_s^*/\partial \beta_s = -c(\lambda_s+\lambda_b)[c(\lambda_s-\lambda_b)(\lambda_b+\lambda_s)+2\varphi^2]/(cD-2\varphi^2)^2$。因此，当 $\lambda_s > \lambda_b$ 时，$\partial p_b^*/\partial \beta_s > 0$ 且 $\partial p_s^*/\partial \beta_s < 0$；当 $\lambda_s < \lambda_b$ 时，$\partial p_b^*/\partial \beta_s < 0$。如果 $c < 2\varphi^2/(\lambda_b-\lambda_s)(\lambda_b+\lambda_s)$，那么 $c(\lambda_s-\lambda_b)(\lambda_b+\lambda_s)+2\varphi^2 > 0$，因此 $\partial p_s^*/\partial \beta_s < 0$；如果 $c > 2\varphi^2/(\lambda_b-\lambda_s)(\lambda_b+\lambda_s)$，那么 $c(\lambda_s-\lambda_b)(\lambda_b+\lambda_s)+2\varphi^2 < 0$，因此 $\partial p_s^*/\partial \beta_s > 0$。

综上可得：

（1）当 $\lambda_s > \lambda_b$ 时，$\partial p_b^*/\partial \beta_s > 0$，$\partial p_s^*/\partial \beta_s < 0$。

（2）当 $\lambda_s < \lambda_b$ 时，$\partial p_b^*/\partial \beta_s < 0$，如果 $c < E$，那么 $\partial p_s^*/\partial \beta_s > 0$；如果 $E \leq c < 2\varphi^2/[(\lambda_b-\lambda_s)(\lambda_b+\lambda_s)]$，那么 $\partial p_s^*/\partial \beta_s < 0$；如果 $c > 2\varphi^2/[(\lambda_b-\lambda_s)(\lambda_b+\lambda_s)]$，那么 $\partial p_s^*/\partial \beta_s > 0$。

命题 4.3 的证明：

根据定理 4.1，当 $c > E$ 时，平台对双边用户的最优收费关于边际投资成本的一阶偏导数为

$$\partial p_b^*/\partial c = \varphi^2(\lambda_b+\lambda_s)(\lambda_s-\lambda_b)/(cD-2\varphi^2)^2$$

$$\partial p_s^*/\partial c = \varphi^2(\lambda_s+\lambda_b)[\lambda_b(\lambda_b+\lambda_s)-2(1+\beta_s)]/(cD-2\varphi^2)^2$$

因此：

（1）当 $\lambda_s > \lambda_b$ 时，$\partial p_b^*/\partial c > 0$；否则，$\partial p_b^*/\partial c < 0$。

(2) 当 $\lambda_b(\lambda_b + \lambda_s) > 2(1+\beta_s)$ 时，$\partial p_s^*/\partial c > 0$；否则，$\partial p_s^*/\partial c < 0$。

定理 5.1 的证明：

根据式 (5.9) 可得

$$\partial \Pi / \partial n_s = [\lambda_b(1 + \lambda_b n_s) + \lambda_s(1 + 2\lambda_b n_s) + 2\varphi x - 4(1+\beta_s)n_s]/2$$

$$\partial \Pi / \partial x = \varphi n_s - cx$$

由此得海塞矩阵为

$$A = \begin{vmatrix} \dfrac{\lambda_b(\lambda_b + 2\lambda_s) - 4(1+\beta_s)}{2} & \varphi \\ \varphi & -c \end{vmatrix}$$

因为 $\lambda_b(\lambda_b + 2\lambda_s) < 4(1+\beta_s)$，因此：

(1) 当 $c > 2\varphi^2/[4(1+\beta_s) - 2\lambda_b\lambda_s - \lambda_b^2]$ 时，海塞矩阵负定，那么驻点为极值点，由一阶偏导数条件得

$$x = \varphi(\lambda_b + \lambda_s)/\mathscr{R}$$

$$n_b = c(\lambda_b + \lambda_s)/\mathscr{R}$$

$$\mathscr{R} = c[4(1+\beta_s) - 2\lambda_b\lambda_s - \lambda_b^2] - 2\varphi^2$$

因此有

$$p_b = [4c(1+\beta_s) - c\lambda_s\lambda_b - 2\varphi^2]/(2\mathscr{R})$$

$$p_s = [2c(1+\beta_s)(\lambda_s - \lambda_b) - c\lambda_b\lambda_s^2 + 2\varphi^2\lambda_b]/(2\mathscr{R})$$

令 $\varphi(\lambda_b + \lambda_s)/\mathscr{R} = z$，可知：当 $c > [\varphi(\lambda_b + \lambda_s) + 2z\varphi^2]/\{z[4(1+\beta_s) - 2\lambda_b\lambda_s - \lambda_b^2]\}$ 时，$x < z$；当 $c \leq [\varphi(\lambda_b + \lambda_s) + 2z\varphi^2]/\{z[4(1+\beta_s) - 2\lambda_b\lambda_s - \lambda_b^2]\}$ 时，$x \geq z$。

(2) 当 $c \leq 2\varphi^2/[4(1+\beta_s) - 2\lambda_b\lambda_s - \lambda_b^2]$ 时，海塞矩阵既非正定也非负定，而因为利润函数连续有界，且驻点唯一，所以此时利润函数在边界上达到最大值。接下来比较利润函数在边界 $x = 0$ 和 $x = z$ 处的大小关系。

当 $x=0$ 时，平台的利润函数为

$$\max \Pi(n_b) = [(1+\lambda_b n_s)/2]^2 + [\lambda_s(1+\lambda_b n_s)/2 - (1+\beta_s)n_s]n_s$$

利润函数关于决策变量的一阶偏导数为

$$\partial \Pi / \partial n_s = [\lambda_b(1+\lambda_b n_s) + \lambda_s(1+2\lambda_b n_s) - 4(1+\beta_s)n_s]/2$$

由此解得

$$n_s = (\lambda_b + \lambda_s)/[4(1+\beta_s) - \lambda_b(\lambda_b + 2\lambda_s)]$$

$$p_b = [4(1+\beta_s) - \lambda_b\lambda_s]/\{2[4(1+\beta_s) - \lambda_b(\lambda_b + 2\lambda_s)]\}$$

$$p_s = [2(1+\beta_s)(\lambda_s - \lambda_b) - \lambda_b\lambda_s^2]/\{2[4(1+\beta_s) - \lambda_b(\lambda_b + 2\lambda_s)]\}$$

$$\Pi_{x=0} = [4(1+\beta_s) + \lambda_s^2]/\{4[4(1+\beta_s) - \lambda_b(\lambda_b + 2\lambda_s)]\}$$

当 $x=z$ 时，$\partial \Pi / \partial n_s = [\lambda_b(1+\lambda_b n_s) + \lambda_s(1+2\lambda_b n_s) + 2\varphi z - 4(1+\beta_s)n_s]/2$，由此解得：$n_s = (\lambda_b + \lambda_s + 2\varphi z)/[4(1+\beta_s) - \lambda_b(\lambda_b + 2\lambda_s)]$，所以：

$$p_s = \{2(1+\beta_s)(\lambda_s - \lambda_b) - \lambda_b\lambda_s^2 + 2\varphi z[2(1+\beta_s) - \lambda_b\lambda_s - \lambda_b^2]\}/$$
$$\{2[4(1+\beta_s) - \lambda_b(\lambda_b + 2\lambda_s)]\}$$

$$p_b = [4(1+\beta_s) - \lambda_b\lambda_s + 2\varphi z\lambda_b]/\{2[4(1+\beta_s) - \lambda_b(\lambda_b + 2\lambda_s)]\}$$

当 $c = 2\varphi^2/[4(1+\beta_s) - 2\lambda_b\lambda_s - \lambda_b^2]$ 时，

$$\min \Pi_{x=z} = [4(1+\beta_s) + \lambda_s^2 + 4\varphi z(\lambda_b + \lambda_s)]/$$
$$\{4[4(1+\beta_s) - \lambda_b(\lambda_b + 2\lambda_s)]\}$$

则 $\min \Pi_{x=z} > \Pi_{x=0}$，所以 $x^* = z$。

综合以上分析，令 $\mathscr{R} = 4(1+\beta_s) - 2\lambda_b\lambda_s - \lambda_b^2$，得：

① 当 $c \leq [\varphi(\lambda_b + \lambda_s) + 2z\varphi^2]/(z\mathscr{R})$ 时，$x^* = z$，$p_b^* = [4(1+\beta_s) - \lambda_b\lambda_s + 2\varphi z\lambda_b]/(2\mathscr{R})$，$p_s^* = \{2(1+\beta_s)(\lambda_s - \lambda_b) - \lambda_b\lambda_s^2 + 2\varphi z[2(1+\beta_s) - \lambda_b\lambda_s - \lambda_b^2]\}/(2\mathscr{R})$。

② 当 $c > [\varphi(\lambda_b + \lambda_s) + 2z\varphi^2]/(z\mathscr{R})$ 时，$x^* = \varphi(\lambda_b + \lambda_s)/(c\mathscr{R} - 2\varphi^2)$，$p_b^* = [4c(1+\beta_s) - c\lambda_b\lambda_s - 2\varphi^2]/(c\mathscr{R} - 2\varphi^2)$，$p_s^* = [2c(1+\beta_s)(\lambda_s - \lambda_b) - $

$c\lambda_b\lambda_s^2 + 2\varphi^2\lambda_b]/[2(c\mathscr{R} - 2\varphi^2)]$。

命题 5.2 的证明：

根据定理 5.1 可得：

(1) 当 $c > [\varphi(\lambda_b + \lambda_s) + 2z\varphi^2]/[z[4(1+\beta_s) - 2\lambda_b\lambda_s - \lambda_b^2]]$ 时，平台对商户收费的变化量 $\Delta p_s^* = 2\varphi^2(\lambda_s + \lambda_b)[2(1 + \beta_s) - \lambda_b(\lambda_s + \lambda_b)]/\{2\mathscr{R}[4(1+\beta_s) - \lambda_b(\lambda_b + 2\lambda_s)]\}$，对顾客收费的变化量 $\Delta p_b^* = 2\varphi^2\lambda_b(\lambda_b + \lambda_s)/\{2\mathscr{R}[4(1+\beta_s) - \lambda_b(\lambda_b + 2\lambda_s)]\}$。

(2) 当 $c \leq [\varphi(\lambda_b + \lambda_s) + 2z\varphi^2]/\{z[4(1+\beta_s) - 2\lambda_b\lambda_s - \lambda_b^2]\}$ 时，平台对商户收费的变化量 $\Delta p_s^* = 2\varphi z[2(1 + \beta_s) - \lambda_b(\lambda_s + \lambda_b)]/\{2[4(1+\beta_s) - \lambda_b(\lambda_b + 2\lambda_s)]\}$，对顾客收费的变化量 $\Delta p_b^* = 2\varphi z\lambda_b/[4(1+\beta_s) - \lambda_b(\lambda_b + 2\lambda_s)]$。

因此：

(1) $\Delta p_b^* > 0$。

(2) 当 $2(1 + \beta_s) > \lambda_b(\lambda_s + \lambda_b)$ 时，$\Delta p_s^* > 0$；当 $2(1 + \beta_s) < \lambda_b(\lambda_s + \lambda_b)$ 时，$\Delta p_s^* < 0$，且当 $\lambda_b > 2(1 + \beta_s) - \lambda_b(\lambda_s + \lambda_b) > 0$ 时，$\Delta p_b^* > \Delta p_s^* > 0$。

命题 5.3 的证明：

根据定理 5.1，平台对用户的收费关于负向网络外部性的一阶偏导数为：

(1) 当 $c \leq [\varphi(\lambda_b + \lambda_s) + 2z\varphi^2]/\{z[4(1+\beta_s) - 2\lambda_b\lambda_s - \lambda_b^2]\}$ 时，$\partial p_b^*/\partial\beta_s = -8\lambda_b(\lambda_b + \lambda_s + 2\varphi z)/\{2[4(1+\beta_s) - \lambda_b(\lambda_b + 2\lambda_s)]\}^2 < 0$，$\partial p_s^*/\partial\beta_s = 4\lambda_b^2(2\varphi z + \lambda_b + \lambda_s)/\{2[4(1+\beta_s) - \lambda_b(\lambda_b + 2\lambda_s)]\}^2 > 0$。

(2) 当 $c > [\varphi(\lambda_b + \lambda_s) + 2z\varphi^2]/\{z[4(1+\beta_s) - 2\lambda_b\lambda_s - \lambda_b^2]\}$ 时，$\partial p_s^*/\partial\beta_s = -2c^2\lambda_b(\lambda_s + \lambda_b)/\mathscr{R}^2 < 0$，$\partial p_b^*/\partial\beta_s = c(\lambda_s + \lambda_b)(c\lambda_s^2 - 2\varphi^2)/\mathscr{R}^2$。

因此：

(1) $\partial p_b^*/\partial \beta_s < 0$。

(2) 当 $c \leqslant [\varphi(\lambda_b + \lambda_s) + 2z\varphi^2]/\{z[4(1+\beta_s) - 2\lambda_b\lambda_s - \lambda_b^2]\}$ 时，$\partial p_s^*/\partial \beta_s > 0$；当 $c > [\varphi(\lambda_b + \lambda_s) + 2z\varphi^2]/\{z[4(1+\beta_s) - 2\lambda_b\lambda_s - \lambda_b^2]\}$ 时，如果 $c > 2\varphi^2/\lambda_b^2$，那么 $\partial p_s^*/\partial \beta_s > 0$，如果 $[\varphi(\lambda_b + \lambda_s) + 2z\varphi^2]/\{z[4(1+\beta_s) - 2\lambda_b\lambda_s - \lambda_b^2]\} < c < 2\varphi^2/\lambda_b^2$，那么 $\partial p_s^*/\partial \beta_s < 0$。

命题 5.4 的证明：

根据定理 5.1 可得：

当 $c > [\varphi(\lambda_b + \lambda_s) + 2z\varphi^2]/\{z[4(1+\beta_s) - 2\lambda_b\lambda_s - \lambda_b^2]\}$ 时，

$$\partial p_b^*/\partial c = -\varphi^2 \lambda_b(\lambda_s + \lambda_b)/\mathscr{R}^2 < 0$$

$$\partial p_s^*/\partial c = \varphi^2(\lambda_b + \lambda_s)[\lambda_b(\lambda_b + \lambda_s) - 2(1+\beta_s)]/\mathscr{R}^2$$

因此有：

(1) $\partial p_b^*/\partial c < 0$。

(2) 当 $\lambda_b(\lambda_b + \lambda_s) > 2(1+\beta_s)$ 时，$\partial p_s^*/\partial c > 0$；当 $\lambda_b(\lambda_b + \lambda_s) < 2(1+\beta_s)$ 时，$\partial p_s^*/\partial c < 0$。